Bewegung ist das A und O

Ihr lieben Mamas und Papas da draußen oder auch am Küchentisch oder auf dem Sofa, habt ihr euch heute schon bewegt? Für mich ist Bewegung so herrlich wohltuend, ausgleichend und gleichzeitig noch körperformend – also ein wirklich starkes Fundament des Alltags und der Schlüssel für kontinuierliche Gesundheit. Insbesondere wir Eltern mit unseren Doppel- oder Dreifachbelastungen profitieren auf so vielen Ebenen von der Bewegung – im Körper, im Kopf und in der Seele als gesunde und starke Einheit für uns allein oder, fast nebenbei, mit der ganzen Familie im Schlepptau.

Gerade als Eltern sind regelmäßige Bewegungseinheiten also enorm wichtig. Sie kräftigen dich, stärken dein Immunsystem und machen dich auch leistungsfähiger. Und das brauchen wir für einen funktionierenden (Familien-)Alltag, den wir zufrieden und motiviert meistern wollen.

Aus meiner täglichen und jahrelangen Erfahrung kann ich Folgendes resümieren: STARKE ELTERN pflegen einen aktiven Lebensstil, sie stellen ihr eigenes Wohlgefühl nicht zurück und gehen in ihrem Verhalten als *Vorbilder für ihre Kinder* voran.

Nimm dir einen kurzen Moment und sei mal ganz ehrlich zu dir selbst: Nimmst du dir regelmäßig Zeit für deine Gesundheit und dein Wohlbefinden und ist dein aktueller Lebensstil ein gutes Beispiel, welchem dein Kind später einmal folgen sollte?

In den kommenden sieben Tagen möchte ich mit dir gemeinsam mehr Freude an Bewegung schaffen und mehr Wohlgefühl in deinen Alltag integrieren.

Du bist ein Sportler

Für mich bist du, ob Mama oder Papa, eine Sportlerin und ein Sportler. Du bist für mich kein „Kunde“ oder gar ein „Patient“, wie mancher meiner Kollegen zu sagen pflegt. Ich möchte, dass du wie ein Sportler und eine Sportlerin denkst und handelst. Das führt vor allem dazu, dass du dich mehr und mehr aus dir heraus und fast automatisch für einen gesunden Lebensstil entscheidest und dies in möglichst vielen Situationen. Aus meiner Sicht ist jeder, der regelmäßig trainiert, der sich regelmäßig routiniert bewegt, schon ein Sportler und eine Sportlerin, so wie wir mit der Geburt eines Kindes sofort Mama oder Papa sind.

Da sich viele allein beim Begriff „Sport“ sträuben, nenne ich es im Folgenden „Bewegung“, denn im Grunde geht es genau darum: sich zu bewegen mit dem Ziel, dass du dir als Mama oder Papa Gutes tust und deine Gesundheit langfristig sicherst. Unsere mentale und physische Gesundheit ist die Grundlage, um unser Leben möglichst lange genießen zu können. Und nicht nur das: Wir können gleichzeitig das Leben unserer Kinder und unserer Enkelkinder vollends genießen.
Das sind für mich STARKE ELTERN.

Erfolgsroutinen für mehr Bewegung

Ich freue mich, dass du dich jetzt mit mir zusammen in Bewegung setzen möchtest! Für mich gibt es **fünf Erfolgsroutinen,** kleine Anpassungen, die dein Leben aktiver machen und es so positiv verändern werden:

1. Gestalte deinen Alltag aktiv
Zum Beispiel: Beim Telefonieren gehe ich umher, ich nutze die Treppe statt den Fahrstuhl, ich arbeite auch stehend, beim Warten auf die Waschmaschine oder beim Kochen mache ich ein paar Kniebeugen, und ich lege kurze Strecken fast immer zu Fuß zurück und plane mir Zeit dafür ein.

2. Gehe bei jedem Wetter mit deinem Kind an die frische Luft
Zum Beispiel: Ich jogge, während mein Sohn Fahrrad fährt, ich klettere auf dem Spielplatz mit, ich probiere neue Sportarten mit meinem Sohn aus oder absolviere kleine Übungseinheiten, während er auf dem Spielplatz spielt.

3. Plane aktive Wochenenden und aktive Reisen mit der Familie
Zum Beispiel: Wir lieben es, neue Spielplätze zu erkunden, uns kleine Parcours zu bauen und gemeinsam neue Sportarten auszuprobieren. Die Natur in Bewegung zu erkunden zählt zu unseren Lieblings-Mini-Abenteuern. Mein Aha-Moment: Mit Kindern geht ganz viel!

4. Plane deine Sport-Me-Time fest im Kalender ein, besprich sie mit deinem/r Partner/in und haltet auch für ihn oder sie einen solchen Termin fest.

5. Sei mit einem sportlichen Lebensstil ein Vorbild für dein Kind.
Du wirst sehen, die Kids lassen sich davon begeistern und ziehen (fast) immer mit.

Wir sind für Bewegung geboren

Übrigens, Bewegung gehört zu unserer menschlichen Natur. Es gibt eine Vielzahl an Studien, die beweisen, wie eng Gesundheit, Lebenserwartung, Gewicht, kurzum, unser ganzes Wohlbefinden und der Sinn für Glück mit Bewegung zusammenhängen. Nur Wissen allein reicht nicht. Wir müssen auch danach *handeln*. Denn, und auch das möchte ich gleich zu Beginn unterstreichen, Bewegung ist keine nette Wahlmöglichkeit für deine Gesundheit. Sie ist das A und O.

Aber warum handeln so viele nicht nach dem, was sie wissen? Zumindest, wenn man den Zahlen glauben mag: In einer Umfrage von fast 5000 Eltern durch die Krankenversicherung AOK im Jahr 2018 gaben

58 % der Befragten an, sie seien übergewichtig, 22 % sogar stark übergewichtig (adipös). Als adipös gilt jemand, dessen Body-Mass-Index (das Verhältnis von Körpergröße zum Gewicht) den Wert 30 überschreitet. Von den Vätern gaben fast drei Viertel eins von beidem an, auf die befragten Mütter traf dies zur Hälfte zu. Laut einer Studie der WHO (World Health Organisation, zu Deutsch: Weltgesundheitsorganisation) im selben Jahr lässt sich jedoch vermuten, dass der Bewegungsmangel bei Frauen höher ist. Laut dieser Studie bewegen sich 30 % der weiblichen Bevölkerung zu wenig. Und das färbt ab! Auf unsere Kinder. Kinder und insbesondere Jugendliche bewegen sich heutzutage so wenig wie noch nie. In jeder dritten Familie spielt Bewegung in der Freizeit offenbar gar keine Rolle. **Von der WHO wird empfohlen, sich mindestens eine Stunde pro Tag moderat (zum Beispiel durch Radfahren) oder intensiver (wie beim Schulsport) zu bewegen.** Spannend sind die Aussagen, nach denen in Familien, in denen körperliche Ertüchtigung als normal angesehen wird, die gesundheitlichen Beschwerden insbesondere der Kinder deutlich geringer sind als bei nicht so aktiven Familien.

Geh noch mal kurz in dich: Wie ist das bei euch zu Hause?
Wie oft bewegst du dich und ihr euch?

Ein Grund für den Mangel an Bewegung der Erwachsenen scheint bei einem Großteil zu wenig Zeit sein. Das gaben immerhin 40 % an (bei Eltern mit Kindern zwischen vier und sechs Jahren sogar 46 %). Das suggeriert uns, dass bei den meisten der Glaube vorherrscht, Sport sei sehr zeitaufwendig. Und gerade von der Zeit ist eben nicht genug da: Ins Fitnessstudio fahren, eine Stunde trainieren, duschen (bei vielen Mamas kommt das zeitaufwendige Haarewaschen und -föhnen dazu – kein Witz, das ist wirklich oft ein Hindernis) und wieder zurückfahren, da können schnell mal zwei Stunden ins Land ziehen – und das wäre erst eine Sporteinheit in der Woche! Dann lieber gar nicht erst losfahren – ein Teufelskreis …

Aber den zu durchbrechen ist das Ziel dieses Buches, denn ich habe eine Lösung für dich!

Du bist kein Zahlentyp? Dann habe ich Dutzende wundervolle und reale Beispiele von meinen Sportlern und Sportlerinnen für dich. Ein Rückblick auf ein sportliches Jahr einer starken Mama und meiner Teilnehmerin Susanne: Sie ist 39 Jahre alt, alleinerziehende Mama zweier Kinder (fünf und neun Jahre alt), arbeitet in Vollzeit und nimmt seit einem Jahr am STARKE ELTERN-Programm teil.

„Ich mache eigentlich schon viel und bin nicht die Unsportlichste, trotzdem war ich notorisch unzufrieden mit meinem Körper. Dann startete ich STARKE ELTERN. Es machte mir von Anfang an Spaß – mir und den Kindern. Ich erinnere mich so gern an ein Wettrennen mit einem ca. 14-jährigen Teeniemädel in meinem Heimatdorf. Sie hatte mich tagelang bei meinen abendlichen Läufen und Sprints beobachtet und mich angesprochen. ‚Wofür trainieren Sie?‘, fragte sie. Meine Antwort lautete, dass ich für mich trainiere, um eine fitte Mama zu sein und zu bleiben. Den Wettkampf verlor ich. Aber ich fühlte mich unfassbar stark, und das war ein Riesen-Motivationsschub, weiter dranzubleiben. Alle machen mit, sogar meine Eltern und Freunde. Meine körperliche Verfassung ist jetzt mit fast 40 besser als meine Verfassung in meinen 20ern.“

Bei Susanne hat sich nicht nur der Körper verändert, sondern auch etwas in ihrem Kopf, an ihrer Einstellung Bewegung gegenüber. Das ist ein großes Kompliment an sich selbst und ans Leben. Ich bin sehr dankbar und stolz, Susanne auf diesem Weg zu begleiten.

Kurze Trainingseinheiten

„Wie soll das bitte bei mir funktionieren?", rufst du jetzt laut und ungläubig, mitten aus den oft überfrachteten Anforderungen des Familienalltags. Das sage ich dir: **Anstatt eine Stunde zu trainieren, reduzieren wir deine Trainingseinheiten auf 20 Minuten am Tag.** So sparst du dir 40 Minuten pro Sporteinheit und hast dennoch denselben Effekt. „Unmöglich!", wendest du ein. Lass mich dich mit diesem Beispiel vom Gegenteil überzeugen: Julia joggt zweimal in der Woche für 60 Minuten mit einer Geschwindigkeit von 6,5 km/h und verbrennt dadurch ca. 450 Kalorien pro Lauf. Anne trainiert ebenfalls zweimal die Woche, allerdings nur jeweils 20 Minuten mit einem hochintensiven Intervalltraining. Dabei verbrennt sie bis zu 400 Kalorien pro Einheit, denn aufgrund der großen Erschöpfung der Muskulatur und des hohen Herzfrequenzbereichs wird durch den sogenannten Nachbrenneffekt sogar noch nach dem Training Körperfett verbrannt.

Wie du sicherlich schon ahnen kannst, schenke ich dir zwar etwas mehr Zeit (nicht für Instagram oder Netflix (!), sondern zur Erholung oder für Zeit mit deinen Kids), dafür darfst du dich in den Sporteinheiten allerdings hochintensiv fordern. Und hierbei ist wirklich wichtig, dass ich von „fordern" spreche, nicht von „*über*fordern".

Du bist nicht allein

Mein im Kern simpler und nachhaltiger Ansatz ist in meinem Online-Coachingprogramm von vielen Eltern bereits erfolgreich in die Tat umgesetzt worden und wird es weiter Tag für Tag. Ich will dir mit diesen Zeilen und den Beispielen verdeutlichen: Du bist nicht allein. Du kannst und wirst das auch schaffen. Denn du bist dafür gemacht, dich zu bewegen! Wenn ich von Bewegung spreche, fällt die knackige Sporteinheit übrigens ebenso darunter wie das tägliche Treppensteigen oder sanfte Joggen neben einem Laufradkind. Hauptsache, in Bewegung sein.

In den vielen Jahren als Sportler (als Basketballer, Ultramarathonläufer, Snowboarder und jetzt auch Klettergerüstexperte und Fangmeister) habe ich das Wertvollste für mich aus den vielen Schritten, Sprüngen und Schweißperlen mitgenommen: Endorphinschübe, Zufriedenheit und Zeit für mich. Mein Herzkreislauf dankt es mir obendrein nachhaltig. Lasst uns unsere Natur nutzen, denn das Fliegen macht den Vogel, nicht die Flügel! Außerdem wollen wir doch alle noch auf den Hochzeiten unserer Enkelkinder fröhlich und ausgelassen tanzen.

In diesem Kapitel möchte ich deinem inneren und natürlichen Drang nach Bewegung nachkommen und stelle dir **sieben Bewegungseinheiten oder „Challenges“,** wie ich sie nenne, vor, die du nach einer gewissen Zeit der Übung kombinieren kannst, wie es für dich am besten ist.

Die Challenges

„Kurze, knackige Sportprogramme mit schnellen sicht- und fühlbaren Ergebnissen und Veränderungen – das motiviert zum Dranbleiben.“

Teilnehmerin Christiane, 37 Jahre alt und zweifache Mama

Kommen wir endlich ins Handeln, kommen wir zu den Challenges! In den kommenden sieben Tagen wirst du jeden Tag trainieren und jeden Tag eine andere Trainingsform (ohne Hilfsmittel) kennenlernen, die du über 28 Tage ausprobierst. Jede Challenge ist in mehrere Übungen unterteilt. Den Fokus richten wir auf einen starken Rücken, Bauch, Beckenboden, ein starkes Herz, große Beweglichkeit und Lockerheit, auf hohe Fettverbrennung und die Stärkung der Muskulatur.

Ich habe das folgende Sportprogramm bereits erfolgreich mit Eltern getestet und so lange angepasst, dass es perfekt in den Familienalltag passt. Dennoch: Bekanntlich ist der erste Schritt der schwerste, das ist bei mir nicht anders, wenn ich eine neue Sportroutine beginne. Was sich für mich und viele meiner Sportler und Sportlerinnen bewährt hat, sind **kleine und sehr simple Schritte.** Genau diese gehe ich im Folgenden auch mit dir an, behutsam, dennoch konsequent. Du benötigst maximal eine weiche Unterlage (z. B. eine Matte oder einen Teppich). Viele Übungen kannst du auch gemeinsam mit deinem Kind absolvieren und noch mal: **Du benötigst nie mehr als 20 Minuten** deiner kostbaren Zeit. Nach den sieben Challenges hast du so viele Möglichkeiten zum Trainieren, dass das Dranbleiben dir viel leichter fallen und sogar Spaß machen wird. Da bin ich mir einfach sicher. Ich möchte nachhaltige Erfolge mit dir erzielen, und daher sollst du nach den 28 gemeinsamen Tagen, in denen wir die neuen Einheiten üben, dein favorisiertes Training weiter ausführen. Dazu mixt du die kennengelernten Einheiten so, wie sie am besten zu dir und deinem Alltag passen, so, wie du deinen Fokus ausrichten möchtest. Natürlich kannst du den Mix auch regelmäßig anpassen und verändern.

Stetiger Fortschritt, ohne sich zu überfordern

Das übergeordnete Ziel jeder Sporteinheit, das wir bei diesem Kapitel im Hinterkopf behalten, ohne uns zu viel Druck zu machen, ist **stetiger Fortschritt.** Dafür ist es elementar, dass die Belastung von Training zu Training gesteigert wird. Glaub mir, deine Kräfte wachsen mit den Aufgaben. Wir sprechen in der Sportwissenschaft von einem „trainingswirksamen" oder einem „überschwelligen Reiz". Vereinfacht ausgedrückt bedeutet das: **Fordere dich in jeder Einheit neu heraus** und verbessere dich so stetig. Mir persönlich gefällt hierbei das *Kaizen-Prinzip*, welches ich durch meine Mentoren Tony Robbins und Charles R. Poliquin (verstorben 2018) kennengelernt habe. Es kommt aus Japan und bedeutet so viel wie „konstanter und niemals aufhörender Fortschritt". Die Japaner glauben, dass eine tägliche Verbesserung von nur ein Prozent die beste Methode für nachhaltige Resultate ist. Am Beispiel dieses Glaubenssatzes bedeutet das für uns, dass wir uns in jeder Sporteinheit um ein Prozent steigern dürfen, um das beste Resultat zu erzielen. Dies ist zum Beispiel beim Dauerlauf (dazu kommen wir später noch) durch eine höhere Geschwindigkeit und gleichzeitig eine längere Distanz zu erzielen, durch noch mehr Wiederholungen bei kurzen Übungen oder durch das tiefere Hineingehen in eine Dehnposition und das längere Halten derselben. Nach meiner Interpretation ist es aber auch eine Verbesserung des Resultats, wenn man es schafft, im vollen Familienalltag überhaupt ein Training zu absolvieren und der (neuen) Routine treu zu bleiben.

Weil wir uns zwar stetig, aber sehr langsam steigern, bleibt das Erfolgserlebnis am Ende des Trainings erhalten und damit unsere Motivation. Und das ist schließlich das Großartige am Sport. Er wird zu einem festen Bestandteil deines Lebens, zu einer machbaren Routine, die uns mehr Wohlgefühl, Belastbarkeit, Gelassenheit und Gesundheit verleiht. Und das ist es doch, was wir uns alle für uns und auch unsere Kinder wünschen.

Integriere so viel es geht gezielte Bewegung in deinen Alltag!

Unsere Grundprinzipien

Immer und für jede Übung gelten folgende **wichtige Prinzipien,** die du nicht aus den Augen verlieren solltest:

1. Fordern, aber nicht überfordern

2. Qualität vor Quantität

Das *Kaizen-Prinzip* tritt übrigens auch in Kraft, wenn ihr euch bei Nieselregen allesamt dazu ermuntert, rauszugehen – die Kleinen mit dem Laufrad und die Großen in Laufhose. Egal wie, alle sind dann letztendlich mit einem Lächeln unterwegs und fühlen sich danach ausgeglichen und sind stolz wie Bolle. Also kommt noch ein drittes Prinzip dazu:

3. (Gemeinsam) Spaß haben.

Hast du Lust, endlich richtig loszustarten? Dann rein in die Sportklamotte, denn nun geht's wirklich los mit ***deinen*** *Challenges!*

Challenge 1 // Tag 1: Starke Fitness in 1 Minute

Wir starten direkt. Es fängt mit dem ersten Schritt an und an Tag 1 unserer Trainingswoche: Einfach machen! Und das muss wirklich nicht lange sein. Genau hier kommt mein **1-Minute-Training** zum Einsatz. Jeder, und ich meine wirklich jeder, kann eine Minute am Tag für solch ein Mini-Training abzweigen. Im Anschluss ist entscheidend, die Regelmäßigkeit hinzuzufügen. Ein Mini-Training an sieben Tagen die Woche absolviert und kontinuierlich für zwei Monate durchgezogen – und schon können wir von „Routine" sprechen. Ich mag den Gedanken, in möglichst kleinen Etappen eine neue Gewohnheit zu erschaffen, im Idealfall täglich und auf verschiedenen Ebenen. Und so wird die tägliche Bewegung am Ende fester Bestandteil des Tagesablaufs, wenn auch nur für 60 Sekunden. Selbst bei einem solch geringen Zeitaufwand sind durch die Regelmäßigkeit erstaunliche Resultate möglich. Meine Erfahrung hat übrigens gezeigt, dass aus einer Minute schnell mal drei, manchmal zehn oder, wenn es gut läuft, gar 20 oder mehr Minuten Sport werden.

Wie solche Mini-Sporteinheiten aussehen können, zeige ich dir auf den nächsten Seiten. Probiere sie gleich aus, so findest du heraus, welche am besten zu dir passt!

Übung 1 // Hampelmann, klassisch

Dieser Klassiker kurbelt unseren Kreislauf an und macht uns locker:

Ziel: Verbesserung des Herz-Kreislauf-Systems, Anregung des Fettstoffwechsels, Mobilisierung des Schultergelenks

Zeit: 1 – 2 Runden à 60 – 90 Sekunden

Ausführung: 1. Starte stehend mit geschlossenen Füßen, die Arme hängen gerade an deinen Seiten herunter.
2. Springe nun mit den Füßen weit auseinander und klatsche dabei mit gestreckten Armen über dem Kopf in die Hände.
3. Dann springe wieder mit den Füßen zusammen und klatsche hinter dem Rücken die Hände ineinander.
Wiederhole diesen Bewegungsablauf eine Minute lang.

Übung 2 // Wandhocke

Trainiert speziell die Oberschenkelvorderseite, um sich bspw. auf die Skisaison vorzubereiten oder aufs Wandern. Ideal beim Zähneputzen oder warten auf die laaange letzte Minute der Waschmaschine.

Ziel: Kräftigung der Beinmuskulatur (speziell der Oberschenkelvorderseite), Verbesserung des Durchhaltevermögens

Zeit: 1 – 2 Runden à 60 – 90 Sekunden

Ausführung: 1. Stelle deine Füße parallel zueinander und hüftbreit auseinander und lehne dich mit dem Rücken an die Wand. Auch dein Kopf ruht an ihr.

2. Rutsche nun so weit an der Wand hinunter, dass deine Ober- und Unterschenkel einen rechten Winkel bilden. Die Hände können überall sein, nur nicht auf deinen Beinen. Bleibe mit deinen beiden Fußsohlen ganz auf dem Boden. Du kannst dir auch dein Baby auf den Schoß setzen oder es vor dir halten. Ab jetzt heißt es GENIESSEN!

Übung 3 // Kniebeuge

Eine Standardübung, die durch die Kombination aus muskulärer Beanspruchung und deutlichem Anstieg des Herzkreislaufsystems (ein höherer Pulsbereich durch die Beanspruchung vieler Muskelgruppen) besticht. Bei der Ausführung der Übung darf das durchaus gängige Motto „Das Knie soll beim Beugen nicht über die Fußspitzen reichen" übrigens vernachlässigt werden. Denn schauen wir uns mal den Kniewinkel beim Treppensteigen an, das ja grundsätzlich als „gesund" gilt: Das Knie zeigt dabei deutlich über die Fußspitze. Auch beim Aufstieg eines Berges oder beim Springen – ein gesundes Kniegelenk ist durchaus in der Lage, einen sehr spitzen Winkel zu erzeugen.

Ziel: Stärkung der Beinmuskulatur, Optimierung der Beweglichkeit, Kräftigung der Rumpfmuskulatur

Zeit: 1 – 2 Runden à 60 – 90 Sekunden

Ausführung: **1.** Die Füße stehen hüftbreit auseinander und können, müssen aber nicht parallel ausgerichtet sein.

2. Gehe nun so weit runter in die Kniebeuge, dass die Rückseiten deiner Oberschenkel die Waden berühren. Das ist unsere sogenannte **Kniebeugenposition** und der optimale Bewegungsradius, um die gesamte Beinmuskulatur mit nur einer Übung zu trainieren. Unsere Kinder machen es uns vor, wenn sie aus einer perfekten Kniebeuge große Bälle oder schwere Gegenstände vom Boden aufheben. Wer nicht so tief in die Beuge kommt oder bei wem sich die Fersen vom Boden lösen, kann sich ein Buch unter die Fersen legen. Der Blick bleibt immer nach vorn gerichtet, und die Wirbelsäule sollte so gestreckt wie möglich sein. Die Arme kannst du gestreckt vor den Brustkorb heben (gern auch mit Baby).
3. Drücke dich anschließend aus den Beinen heraus wieder in die aufrechte Position mit gestreckten Beinen, um aus dieser abermals in die Kniebeuge zu gehen.
Wiederhole diesen Bewegungsablauf eine Minute lang.

Übung 4 // Unterarmstütz

Bekannt auch als Brett oder Plank, ist es eine tolle Übung, um eine gute Rumpfstabilität, eine starke innere Mitte aufzubauen. Eine Übung zum Durchhalten und Beißen.

Ziel: Stärkung der gesamten Rumpfmuskulatur (Bauch und unterer Rücken), Kräftigung des oberen Rückens (speziell zwischen den Schulterblättern)

Zeit: 1 – 2 Runden
à 60 – 90 Sekunden

Ausführung: **1.** Jetzt geht es auf den Boden (am besten auf eine Yogamatte oder den Teppich). Beginne in der Bauchlage und lege deine Unterarme parallel zueinander direkt unter deine Schultern.

2. Nun hebst du deinen Bauch, dein Becken und deine Oberschenkel gleichzeitig in die Luft und stützt dich somit nur noch auf den Knien und Unterarmen ab. Wenn du magst, kannst du auch die Füße anheben und in der Luft überkreuzen. Entscheidend ist, dass die Hüfte in einer Linie mit der Wirbelsäule ist und du in der Mitte nicht durchhängst, denn das kann zu Beschwerden im unteren Rücken führen. Überprüfe die richtige Position am Anfang am besten mit einem Spiegel oder lass eine Person aus deinem Umfeld draufschauen. Unterstützend ziehst du in dieser Position den vorderen Bereich deines Beckens (das Schambein) nah an den Bauchnabel. Dabei solltest du viel Muskelspannung in der Bauchmuskulatur spüren und nichts im unteren Rücken.

3. Um gleichzeitig deinen oberen Rücken zu stärken und Nackenschmerzen zu vermeiden, darfst du aus dieser Position heraus die Schulterblätter zusammen und Richtung Hüfte ziehen. Somit sollte der Nackenbereich nur leicht kontrahiert und die Muskelspannung vor allem zwischen den Schulterblättern zu spüren sein.

Der Unterarmstütz eignet sich übrigens auch als ein Wettkampf mit etwas größeren Kindern: „Wer hält länger durch?“

Challenge 2 // Tag 2: Starke Fettverbrennung in 15 Minuten

Kommen wir zu Tag 2 und Challenge Nummer zwei: „Burn, baby, burn!“ Hier geht es auch darum, die Zeitspanne etwas auszudehnen. Das Training bewegt sich trotzdem noch in einem sehr überschaubaren Rahmen von 15 Minuten am Tag. Unser Ziel ist, in dieser Viertelstunde **so viele Kalorien zu verbrennen wie nur möglich.**

Zuerst erkläre und zeige ich dir drei Übungen, um deren richtige Ausführung und so ein beschwerdefreies Training sicherzustellen. Wenn dir die Beschreibung und die Fotos auf den folgenden Seiten nicht reichen, findest du unter diesem Link auch Videos zu den Übungen: *starkeeltern.com/buch*. Im Anschluss bauen wir aus diesen drei Übungen unseren **15-minütigen Trainingsplan** auf und führen ihn als **Zirkeltraining** aus. Zirkeltraining bedeutet, dass verschiedene Übungen hintereinander ausgeführt werden, die unterschiedliche Muskelgruppen beanspruchen. An die letzte Übung schließt immer wieder die erste an, sodass eben ein Kreislauf (Zirkel) entsteht.

Wer wirklich nur eine Viertelstunde Zeit hat, nutzt die erste Runde bitte zum Aufwärmen (absolviert diese also mit einer geringeren Intensität). Als Sportwissenschaftler empfehle ich allerdings, vorab ein Warm-up zu machen, um in den 15 Minuten Training den vollen Fokus auf eine hohe Kalorienverbrennung zu legen.

Übung 1 // Split Squat

Ziel: Kräftigung der Beinmuskulatur und Verbesserung des Gleichgewichts

Wiederholungen: 15 pro Seite

Ausführung: **1.** Mache aus der Kniebeugenposition heraus mit einem Fuß einen Schritt nach vorn, wobei die ganze Fußsohle auf dem Boden aufliegen sollte. Dein Ober- und Unterschenkel bilden einen rechten Winkel. Der hintere Fuß steht nur noch auf den Fußspitzen. Dein Oberkörper ist aufrecht und dein Blick nach vorn gerichtet. Lächeln!
2. Gehe nun nach oben, wobei du die Beinposition genauso hältst. Verlagere beim nächsten Beugen dein Gewicht auf das vordere Bein und schiebe das Knie über die Fußspitze nach vorn. Dabei bleibt die Ferse auf dem Boden. Wenn Beschwerden in den Knien auftreten, sollte das Knie nicht ganz so weit nach vorn geschoben werden.
3. Aus dieser Position heraus streckst du nun das vordere Bein fast komplett durch und beginnst die nächste Wiederholung, indem du wieder das vordere Knie beugst.
Nach 15 Wiederholungen in dieser Position wechselst du auf

Übung 2 // Power Crunch

Ziel: Kräftigung der Bauchmuskulatur

Wiederholungen: 15

Ausführung: 1. Lege dich nun in die Rückenlage, hebe deine Beine angewinkelt im Neunzig-Grad-Winkel in die Luft und führe deine Hände rechts und links an den Kopf (nicht dahinter), die Arme sind also angewinkelt. Die Hände halten sich nicht am Kopf fest oder ziehen gar am Hals- und Nackenbereich, sondern „tragen" den Kopf nur ein wenig. Drücke deinen unteren Rücken auf den Boden. Er sollte während der gesamten Bewegungsausführung auch dort bleiben, um Rückenschmerzen vorzubeugen.
2. Hebe nun den Brustkorb und ziehe zeitgleich die angewinkelten Beine Richtung Brust.
3. Danach legst du den ganzen Rücken wieder auf dem Boden ab, der Kopf bleibt noch in der Luft, und die Beine werden ausgestreckt, sodass die Füße aber noch dicht über dem Boden schweben.
4. Winkele dann die Beine wieder an und wiederhole den gesamten Bewegungsablauf.
Wer bei dieser Ausführung die Spannung in der Bauchmuskulatur nicht halten kann und Beschwerden im unteren Rücken hat, hält die Knie im Neunzig-Grad-Winkel und bewegt nur den Oberkörper nach oben. Die Beine werden im Anschluss nur so weit abgesenkt, dass die Lendenwirbelsäule auf dem Boden bleibt und die Muskelkontraktion im Bauch aufrechterhalten werden kann. Bei Nackenschmerzen kannst du den Kopf nach jeder Wiederholung ablegen.

Übung 3 // Schmetterling

Ziel: Kräftigung der oberen und unteren Rückenmuskulatur

Wiederholungen: 15

Ausführung: 1. Weiter geht es in der Bauchlage mit gestreckten Beinen, die Zehenspitzen sind aufgestellt, das Kinn ist zum Brustkorb gezogen (das ist unsere klassische **Bauchlagenposition**). Für diese Übung sind die Hände hinter dem Kopf gefaltet, die Ellenbogen zur Seite ausgestreckt. Zeitgleich werden nun die gestreckten Beine, der Brustkorb, die Ellenbogen und der Kopf angehoben. Weil diese Übung „Schmetterling" heißt, kannst du deine Arme wie zwei Flügel zum Fliegen bewegen: Beim Anheben der Beine und des Brustkorbs heben sich auch deine Flügel. Wichtig ist, dass diese Bewegung langsam ausgeführt wird und du die Schulterblätter zusammenziehst, als würdest du versuchen, dazwischen einen Tennisball festzuhalten. Fokussiere dich darauf, die Kraft beim Anheben aus dem unteren und oberen Rücken zu ziehen. Das Kinn ist die ganze Zeit Richtung Brust gesenkt, um eine Überstreckung der Halswirbelsäule zu vermeiden.

2. Dann werden Beine, Brust und Kopf wieder gesenkt, wobei die Oberschenkel und der Brustkorb den Untergrund berühren, die Füße, der Kopf und damit auch die Ellenbogen allerdings in der Luft bleiben.

Bei leichten Beschwerden in der Lendenwirbelsäule solltest du nicht ganz so weit nach oben kommen und die Bewegung noch langsamer ausführen. Wer Schmerzen im Bereich der Brust- und Halswirbelsäule hat, darf sein Kinn noch weiter zum Brustkorb senken und es die gesamte Zeit der Übung über dort belassen. Beim Senken legt man außerdem den Kopf und die Arme dann auf dem Boden ab.

Die drei vorangestellten Übungen sind hauptsächlich kraftorientierte Übungen, die unseren Herzkreislauf nur leicht beanspruchen. Zum Abschluss empfehle ich, diesen noch einmal deutlich stärker anzuregen. Dazu nutzen wir unsere Übung **Hampelmann** aus den 1-Minute-Trainings (blättere dazu zurück auf Seite 22).
Auf die Plätze, Hampel, los!

ZIRKELTRAINING „FETTVERBRENNUNG"

Aus unseren drei neuen Übungen und dem Hampelmann bauen wir uns jetzt den Trainingsplan für unser 15-Minuten-Training (ca. 3 – 5 Runden).

- **optional: Warm-up**
- **Split Squats – 15 Wiederholungen pro Seite**
- **Power Crunch – 15 Wiederholungen**
- **Schmetterling – 15 Wiederholungen**
- **Hampelmann – 20 Wiederholungen (oder 20 Schritte Marschieren auf der Stelle)**

Challenge 3 // Tag 3: Starker Rücken in 15 Minuten

Wir alle stehen in unserem Alltag vor zwei großen körperlichen Herausforderungen: Bewegungsmangel zum einen und zum anderen zu viele Positionen, in denen unsere Schultern nach vorn und innen gerichtet sind, am Laptop, bei der Handynutzung, beim Autofahren, beim Fahrradfahren, bei Seitenschläfer/innen auch noch im Schlaf, beim Tragen der Kinder, bei etlichen Stillpositionen und bei einigen ist sogar beim Gehen der Brustkorb zusammengezogen, die Schultern hängen weit nach vorn, sodass ein leichter Rundrücken entsteht. Die Folgen sind Nackenschmerzen oder Nackenverspannungen, Spannungskopfschmerzen oder Migräne.

Kennste? In dieser dritten Challenge gehe ich auf die Kräftigung der Rückenmuskulatur ein und zeige zusätzlich sehr effektive und zeiteffiziente Möglichkeiten zur Mobilisation der Wirbelsäule. Wieder nutzen wir das Prinzip des Zirkeltrainings, absolvieren zunächst die Übungen zur Mobilisation der Wirbelsäule und im Anschluss die Kräftigungsübungen für den Rücken. Wenn du noch Zeit hast, wiederhole die Kräftigungsübungen gern ein weiteres Mal oder verlängere die Mobilisierung, wenn es dir guttut.

Das folgende Training wird deine Rückenmuskulatur also stärken, dich aufrichten und dich im Alltag wie eine Art Korsage stützen und tragen. Allerdings nur dann, wenn du in Zukunft auch bewusster auf deine Haltung achtest, dich häufiger streckst und hier und da auch etwas an deiner gewohnten Körperhaltung veränderst.

Starten wir mit einem **starken Rücken während des Schlafens.** Es kann sehr förderlich sein, ab und an in der Rückenlage zu schlafen. Zusätzlich empfehle ich, ein sehr flaches oder sogar gar kein Kissen zu nutzen. Auf das Thema „Schlaf" grundsätzlich gehe ich im Kapitel „Entspannung" ab Seite 116 näher ein.

Bei der **Nutzung von Computer, Laptop oder Handy** solltest du deine Position immer wieder verändern, zum Beispiel ab und zu vom Sitzen ins Stehen wechseln. Vielleicht hast du auch einen Gymnastikball, auf dem du sitzen kannst, der ist von sich aus flexibel und erfordert das automatisch von deinem Körper. Stelle dir ruhig einen Wecker als Erinnerung, wann es wieder Zeit ist, die Position zu wechseln. Vermeide es möglichst, am Küchen- oder Wohnzimmertisch, auf der Couch oder an der Küchenzeile zu arbeiten, die sind selten auf der richtigen Höhe für die Arbeitsgeräte. Aber gerade die ist entscheidend, dein Nacken wird es dir danken. Investiere in deine Gesundheit und richte dir für die Arbeit zu Hause ein kleines Homeoffice mit den dafür geeigneten Büromöbeln und dem richtigen Equipment (externe Maus, Tastatur, Laptoperhöhung, Stuhl etc.) ein. Worauf man hier achten sollte, erfährst du in den entsprechenden Fachgeschäften und auch online.

Auch beim **Auto- und Fahrradfahren** solltest du auf deine Haltung achten und sie, wenn möglich (und bitte ohne dein oder ein anderes Leben zu gefährden), variieren.

Mamas, die stillen, empfehle ich, die **Stillpositionen häufig zu wechseln,** sehr oft die beanspruchten Körperbereiche zu mobilisieren (sich also durchzubewegen und aufzudehnen), mit Wechselduschen oder Wärme zu arbeiten und ein Dauernuckeln des Babys an der Brust möglichst zu verhindern. Das schmerzt nicht nur, sondern reizt auch die Nerven ungemein und gibt der Mama kaum die Möglichkeit, ihre Position zu verändern. Beim Tragen der Kinder sollte die Trageseite immer wieder gewechselt werden, am besten so früh wie möglich.

Und auch **die Kleinen sollen sich bewegen,** wenn auch manchmal unter lautstarkem Protest. Bei größeren Kindern, die viel Zeit vor Bildschirmen verbringen, kann ich die folgenden Lockerungs- und Kräftigungsübungen nur ans Herz legen. Ihnen sind mögliche Fehlhaltungen und daraus entstehende Verspannungen vielleicht noch nicht so bewusst, aber irgendwann werden sie es ebenso spüren wie wir. Lasst uns lieber so früh wie möglich vorbeugen. Je jünger die Kinder sind, bei denen man „gesunde" Rituale einführt, desto einfacher wird es für sie auch im Erwachsenenalter sein, diese einzuhalten.

Mache dir einfach in deinem Alltag immer wieder bewusst, in welchen Positionen du manchmal Stunden verbringst – und variiere diese regelmäßig.

Mobilisation der Wirbelsäule

Du kannst schon mächtig stolz auf dich sein fürs Meistern der ersten zwei Challenges. Kommen wir jetzt erst einmal zu den Übungen, die deinen Rücken lockern, deine Beweglichkeit steigern und dir mehr Leichtigkeit verleihen. Dazu starten wir mit der Mobilisation der Wirbelsäule und bewegen uns gezielt von oben nach unten durch. Alle Bewegungen sollen schön fließend und ohne starke Anstrengung ablaufen. Das bedeutet im Klartext, dass wir keine Endposition lange halten wie beim Dehnen, sondern zum Beispiel unsere Arme kreisen.

Übung 1 // Mobilisation der Brustwirbelsäule

Ziel: Lockerung und Erwärmung der Brustwirbelsäule

Wiederholungen: 10

Ausführung: Kreise im Stehen beide Schultern von vorn nach hinten, wobei die Arme an den Seiten einfach nach unten hängen. Die Kreise sollen so groß wie möglich sein. Bei der Bewegung nach hinten und unten drückst du zusätzlich deinen Brustkorb nach vorn. Eine leichte Dehnung im Übergang von der Brustmuskulatur zur Schulter sollte zu spüren sein, bei einigen knackt es vielleicht sogar ordentlich im oberen Rücken (das ist normal, es löst sich halt der Rost ☺).

Übung 2 // Mobilisation des Schultergelenks/ der Brustwirbelsäule

Ziel: Lockerung und Erwärmung des Schultergelenks/ der Brustwirbelsäule

Wiederholungen: 10

Ausführung: Immer noch im Stehen kreist du nun deine gestreckten Arme von vorn nach hinten. Dabei sollten sich die Oberarme beim Kreisen nach oben ganz nah an den Ohren entlangbewegen. Auch diese Übung absolvierst du mit dem größtmöglichen Bewegungsradius. Den besten Effekt erzielst du, wenn du das Tempo schrittweise bis zur Höchstgeschwindigkeit erhöhst. Du beendest die Übung, wenn du ein Kribbeln in den Händen verspürst oder die 10 Wiederholungen absolviert hast.

Übung 3 // Mobilisation der gesamten Wirbelsäule

Ziel: Lockerung und Erwärmung der gesamten Wirbelsäule

Wiederholungen: 10

Ausführung: **1.** Gehe in die **Vierfüßlerposition,** das heißt, du gehst auf die Knie (sie befinden sich unterhalb der Hüfte) und stützt dich mit

gestreckten Armen auf deinen Händen ab, die Arme sind schulterbreit auseinander, die Hände liegen mit den Fingerspitzen nach vorn gerichtet unter deinen Schultern.
2. Mache deinen Rücken dann so rund wie möglich und ziehe dabei dein Kinn in Richtung Brustkorb.
3. Danach gehst du in ein leichtes Hohlkreuz, der Kopf ist nun in der Verlängerung der Wirbelsäule, der Blick nach vorn gerichtet.

Wer hierbei Schmerzen in der Lendenwirbelsäule verspürt, führt diese Bewegung mit einem kleineren Bewegungsradius aus.

Übung 4 // Mobilisation der Lendenwirbelsäule (Beckenkippen)

Mit dieser Mobilisationsübung konnte ich schon sehr vielen Menschen mit Verspannungen und zum Teil akuten Schmerzen im unteren Rücken helfen.

Ziel: Lockerung und Erwärmung der Lendenwirbelsäule

Wiederholungen: 10

Ausführung: **1.** Lege dich auf den Rücken und stelle die Beine auf, sodass die Knie angewinkelt und die Füße am Boden sind. Die Beine stehen etwa hüftbreit auseinander.
2. Gehe nun ins Hohlkreuz, ohne die Hüfte vom Untergrund anzuheben (bei leichten Schmerzen nicht zu weit gehen!).
3. Dann drückst du die Lendenwirbelsäule wieder so fest du kannst auf den Boden.

Kräftigung der Rückenmuskulatur

Nach der Mobilisation wollen wir jetzt deinen Rücken kräftigen. Alle nun folgenden Übungen haben immer das gleiche Set-up der Brustwirbelsäule: Die Schultern sollen möglichst weit nach unten Richtung Hüfte gezogen, der Brustkorb weit nach vorn gestreckt und die Schulterblätter die gesamte Zeit möglichst nah beieinander gehalten werden (wieder so, als würdest du einen Tennisball zwischen ihnen festhalten wollen).

Übung 1 // Fliegende Bewegung, sitzend

Ziel: Kräftigung des Trapezmuskels/des oberen Rückens

Wiederholungen: 15 – 30

Ausführung: 1. Wir beginnen sitzend auf einem Stuhl, einem Hocker, der Couch oder dem Bett. Du richtest deine Wirbelsäule auf, sodass du so aufrecht wie möglich bist. Dann streckst du deine Arme in einer Linie mit deinen Schultern seitlich aus und drehst deine Handflächen nach oben (Ellenbogenbeuge zeigt nach oben).
2. Nun werden die Arme gestreckt nach vorn vor den Brustkorb bewegt, sie bleiben aber auf Höhe der Schultern.
3. Führe die Arme im Anschluss wieder in die Startposition zurück.

Du machst die Übung richtig, wenn du die gesamte Zeit eine Muskelkontraktion zwischen den Schulterblättern spürst. Falls nicht, hast du wahrscheinlich deinen imaginären Tennisball verloren und darfst diesen noch stärker festhalten. Du wirst merken, dass es nicht so sehr darum geht, die Übung besonderes schnell auszuführen, sondern so intensiv wie möglich.

Übung 2 // Latziehen, sitzend

Ziel: Kräftigung des breiten Rückenmuskels/des oberen und mittleren Rückens

Wiederholungen: 15 – 30

Ausführung: **1.** Wieder aus der sitzenden aufrechten Position hebst du deine Arme gestreckt über den Kopf. Die Handflächen schauen nach vorn, du kannst die Hände zu Fäusten ballen, der Blick ist nach vorn gerichtet, die Schultern nimmst du weit von den Ohren weg.
2. Dann werden die Arme nach unten an die Rippen gezogen, so wie bei einem Klimmzug. Die Schulterblätter bleiben während der gesamten Übung wie gewohnt nah beieinander.
3. Anschließend kommst du wieder in die erste Position und wiederholst diese Beuge- und Streckbewegung deiner Arme.

Diese Übung ist richtig ausgeführt, wenn die gesamte Zeit eine leichte muskuläre Spannung zwischen den Schulterblättern am Trapezmuskel zu spüren ist. Falls nicht, hast du – du ahnst es schon – deinen Tennisball verloren.

Übung 3 // Schmetterling in Bauchlage

Ziel: Kräftigung des Rückenstreckers/des unteren Rückens

Wiederholungen: : 15 – 30

Ausführung: **1.** Für diese Übung begibst du dich in die klassische Bauchlage. Falte die Hände hinter dem Kopf. Das Kinn ziehst du die gesamte Zeit über Richtung Brustkorb. Damit schonen wir unsere Halswirbelsäule.
2. Nun hebst du Brustkorb und Kopf langsam an und ziehst dabei die Ellenbogen Richtung Decke.
3. Nach dem langsamen Senken dürfen die Brust, der Kopf und die Ellenbogen den Boden wieder berühren. Wenn du dich fortgeschrittener fühlst, hältst du Brust, Kopf und Ellenbogen gerade so über dem Boden, bevor es wieder nach oben geht.

Übung 4 // Superman fliegt in Bauchlage

Ziel: Kräftigung des Rückenstreckers/des unteren Rückens

Wiederholungen: 15 – 30

Ausführung: **1.** Du startest wieder wie bei der Übung vorher in der klassischen Bauchlage, aber dieses Mal faltest du die Hände hinter dem unteren Rücken (so, als würdest du am Po beten). Das Kinn wird wieder ganz dicht an den Brustkorb herangezogen.

2. Nun hebst du Kopf, Oberkörper und Beine an. Dabei bleiben die Knie gestreckt. Deine Hände lässt du die gesamte Zeit auf deinem unteren Rücken/Po liegen. Um den Rückenstrecker, also den Muskel der Lendenwirbelsäule, optimal zu fordern, hilft es, wenn du während der Bewegung an ihn denkst.
3. Beim Senken soll nur der Brustkorb und die Knie den Untergrund berühren, der Kopf wird in der Luft gehalten. Nur bei Schmerzen oder zu großer Anstrengung kann er ebenfalls mit abgelegt werden.

Übung 5 // Fliegende Bewegung in Bauchlage

Das ist eine meiner Lieblingsübungen für den oberen Rücken, den Namen habe ich mir selbst ausgedacht.

Ziel: Kräftigung der Trapezmuskulatur/des oberen Rückens

Wiederholungen: 15 – 30

Ausführung: 1. Winkele in der klassischen Bauchlage die Arme an und führe die Ellenbogen an die Rippen, die Hände sind nah an den Schultern, die Handflächen zeigen zueinander. Um die Halswirbelsäule und deinen Nacken zu schonen, lässt du den Kopf am besten während der ganzen Übung liegen.
2. Hebe nun deine Arme an, die bleiben nah an den Rippen, und senke sie anschließend wieder auf den Boden ab.

Durch das Heranziehen der Ellenbogen an die Körpermitte sollte vor allem eine Muskelspannung zwischen den Schulterblättern zu spüren sein, auch beim Senken, allerdings keine Anspannung im Nackenbereich.

ZIRKELTRAINING „MOBILISATION“

Für mehr Beweglichkeit, zur Lockerung der Muskulatur (gern auch am Arbeitsplatz) oder auch zum Aufwärmen kannst du die folgenden Übungen nacheinander absolvieren.

- **Mobilisation der Brustwirbelsäule – 10 Wiederholungen**
- **Mobilisation des Schultergelenks/der Brustwirbelsäule – 10 Wiederholungen**
- **Mobilisation der gesamten Wirbelsäule – 10 Wiederholungen**
- **Mobilisation der Lendenwirbelsäule (Beckenkippen) – 10 Wiederholungen**

ZIRKELTRAINING „STARKER RÜCKEN“

Aus unseren fünf Übungen bauen wir uns jetzt den Trainingsplan für unser 15-Minuten-Training.

- **Fliegende Bewegung, sitzend – 15–30 Wiederholungen**
- **Latziehen sitzend – 15–30 Wiederholungen**
- **Schmetterling in Bauchlage – 15–30 Wiederholungen**
- **Superman fliegt in Bauchlage – 15–30 Wiederholungen**
- **Fliegende Bewegung in Bauchlage – 15–30 Wiederholungen**

Challenge 4 // Tag 4: Starker Beckenboden in 15 Minuten

Diese Challenge starten wir mit einem Erfahrungsbericht meiner Sportlerin Britta (35, Mama eines knapp zwei Jahre alten Sohnes).

„Nach der Geburt wusste ich nicht mal, dass ich noch einen Beckenboden habe, geschweige denn, wo der sich befindet und dass ich ihn irgendwie ansteuern kann. Noch sechs Wochen nach der Geburt waren Spaziergänge Stress pur, weil jede Bewegung Druck ausgelöst hat und ich permanent auf die Toilette musste.

Ungefähr einen Monat später habe ich von Stevens STARKE ELTERN-Programm gehört und mich sofort angemeldet. Die tägliche Bewegung durch Mobilisation, Krafttraining (alles individuell auf meine Bedürfnisse ausgerichtet) und Spaziergängen oder Fahrradfahrten tat so gut und hat mich unfassbar motiviert. Kombiniert war das Ganze mit Beckenbodentraining.

Ich habe eine echt lange Leidensgeschichte hinter mir mit sehr vielen Tiefs. Und ich kann sagen, dass mir das kontinuierliche Training für den Beckenboden, immer wieder neue Reize durch neue Trainingsmethoden und das Immer-dran-Bleiben sehr geholfen haben."

Ein riesengroßes Thema vor allem bei Frauen nach der Schwangerschaft und Geburt und ja, auch bei Männern ab einem gewissen Alter (Stichwort „Prostata"), ist der Beckenboden beziehungsweise die aus einem schwachen Beckenboden folgende Inkontinenz, wie es Britta beschrieben hat.

Dieser Bereich, der am unteren Ende des Beckens liegt, hält bei uns Menschen die Bauchmuskulatur und die Beckenorgane am richtigen Fleck und verschließt die Körperöffnungen. In der Schwangerschaft und für den Geburtsprozess ist es sehr wichtig, dass sich das Bindegewebe, die Bänder und die Muskulatur in dieser Region lockern. Denn ein Baby nimmt im Mamabauch viel Platz ein, schiebt Organe in andere Richtungen, dehnt die Bauchdecke und erhöht zusätzlich stark den Druck auf den Beckenboden. Das sind ganz natürliche Prozesse, die vor allem für eine „entspannte" Geburt notwendig sind.

Den frischgebackenen Mamas obliegt eine Weile nach der Geburt dann die Aufgabe, den Beckenboden als Muskel wieder aufzubauen. Integriere auch gern dein Baby in die Übungen, das hilft dir, die Trainings auch wirklich durchzuführen, und unterstützt gleichzeitig schön das Bonding.

Aber, wie bereits erwähnt, der Beckenboden ist für jede und jeden wichtig und sollte regelmäßig trainiert werden. In den folgenden Übungen werden wir darum gezielt die deutliche Stärkung des Beckenbodens angehen. Auch diese Challenge bauen wir nach dem Kennenlernen der Übungen als Zirkeltraining auf.

Übung 1 // Beckenboden kontrahieren, stehend/sitzend/liegend

Das Tolle beim Training der Beckenbodenmuskulatur ist, dass es sehr gut in den Alltag eingebaut werden kann.

Ziel: Ansteuerung und Kontraktion der Beckenbodenmuskulatur

Zeit und Wiederholungen: im Alltag so oft wie möglich

Ausführung: Für den Start ist es wichtig, dass du deinen Beckenboden überhaupt erst einmal wahrnimmst und ansteuerst, um ihn dann zu

kontrahieren, also den Muskel anzuspannen. Um den Beckenboden zu spüren, stelle dir vor, dass du beim Wasserlassen den Urinstrahl bewusst zurückhältst. Denn die Beckenbodenmuskulatur wird unter anderem auch dazu benutzt, dass wir uns nicht in die Hose machen, wenn wir doll müssen. Aber genau so wird der Beckenboden „trocken" trainiert (eine weitere Möglichkeit zeige ich später auf).
Dazu ziehst du den vorderen Bereich deines Beckens (das Schambein) so weit es geht nach innen. Das kannst du sehr gut in jedweder liegenden, sitzenden und stehenden Position machen.

Im Liegen: Bleibe nach dem Aufwachen noch einen Moment (mit deinem Baby) liegen und spanne für 3 – 5 Durchgänge à 10 – 30 Sekunden den Beckenboden an.
Im Sitzen: Spanne den Beckenboden nach den Hauptmahlzeiten an, wenn du noch am Tisch sitzt.
Im Stehen: Spanne den Beckenboden an, während du an der roten Ampel wartest oder auf den Bus oder die Bahn.

Übung 2 // Beckenboden in Vierfüßlerposition

Ziel: Ansteuerung und Kontraktion der Beckenbodenmuskulatur und Kräftigung der Bauchmuskulatur

Zeit: 20 – 60 Sekunden halten

Ausführung: **1.** Wir haben die Vierfüßlerposition bereits auf Seite 35 erklärt, hier noch mal zur Erinnerung: Stütze dich auf einer Yogamatte oder einem Teppich auf Knie und Hände mit gestreckten Armen. Die Hände liegen unter den Schultern, die Knie unter den Hüften.
2. Um den Beckenboden und gleichzeitig ein wenig die Bauchmuskeln zu

trainieren, werden wir in dieser Position Beckenboden und Bauchmuskeln gleichzeitig kontrahieren. Dazu sollte deine Wirbelsäule gerade sein. Kontrolliere das im Spiegel oder bitte eine Person in deiner Umgebung, deine Haltung zu überprüfen. Spanne jetzt den Beckenboden an und ziehe gleichzeitig den Bauchnabel so weit es geht zur Wirbelsäule. Halte beides für 20 – 60 Sekunden.

Übung 3 // Becken heben

Ziel: Ansteuerung und Kontraktion der Beckenbodenmuskulatur und Kräftigung der Gesäßmuskulatur

Zeit: 20 – 60 Sekunden halten

Ausführung: 1. In der Rückenlage stellst du deine Füße hüftbreit auf, deine Beine sind also angewinkelt. Nun hebst du dein Becken so weit es geht Richtung Decke. Du solltest automatisch eine Spannung in der Gesäßmuskulatur, also im Hintern spüren. Diese verstärken wir noch etwas, indem du dir vorstellst, mit deinem Po eine Walnuss knacken zu wollen (daher der Begriff „Knackpo" #spaß).
2. Nun bringen wir noch den Beckenboden mit ins Spiel und spannen ihn ebenfalls an. Du solltest eine Spannung im Hintern und im Beckenboden spüren. Falls nicht, darfst du einen oder beide Punkte noch mehr kontrahieren.

Übung 4 // Beckenknochen zusammenziehen

Auch diese Übung lässt sich wunderbar immer dann ganz unauffällig machen, wenn du sitzt, wo auch immer.

Ziel: Ansteuerung und Kontraktion der Beckenbodenmuskulatur

Wiederholungen: 15 – 30

Ausführung: Um deine Beckenknochen überhaupt zu spüren, setze dich erst mal auf einen Stuhl und lege deine Hände mit den Handflächen nach oben unter das Gesäß. Spanne jetzt den Po an. Dabei solltest du an den Händen spüren, wie die Beckenknochen sich bewegen.

1. Wir starten also im Sitzen, allerdings ohne die Hände unterm Po.
2. Ziehe nun deine Beckenknochen zusammen und entspanne sie wieder. Gleichzeitig kannst du den Beckenboden anspannen und zur Körpermitte ziehen.

ZIRKELTRAINING „STARKER BECKENBODEN"

Aus unseren vier Übungen bauen wir uns jetzt den Trainingsplan für unser 15-Minuten-Training.

- **Beckenboden kontrahieren, stehend/sitzend/liegend – im Alltag sooft wie möglich**
- **Beckenboden in Vierfüßlerposition – 20–60 Sekunden halten**
- **Becken heben – 20–60 Sekunden halten**
- **Beckenknochen zusammenziehen – 15–30 Wiederholungen**

Challenge 5 // Tag 5: Starker Bauch in 10 Minuten

Die Bauchmuskeln sind ein heikles Thema, das höre ich immer wieder von meinen Sportler-Eltern. Die Mamas haben oft Sorge, mit zu frühem Training nach der Geburt die Bauchmuskeln überzustrapazieren und etwas kaputt zu machen, und später vergessen sie das Training einfach über den ganz normalen Alltagswahnsinn. Und die Papas wollen gern ein Sixpack, müssen sich aber nicht selten erst mal ihren Schwimmring abtrainieren.

Es gibt neben dem optischen Effekt aber eine wirklich gute „Nebenwirkung", was das Bauchmuskeltraining anbelangt: Starke Bauchmuskeln unterstützen nämlich insbesondere unsere Wirbelsäule und unseren Rücken. Wer einen starken Bauch hat, kann Beschwerden speziell im unteren Rücken sehr gut kompensieren. Starke Bauchmuskeln sorgen insgesamt für eine gute, aufrechte Haltung und helfen uns bei nahezu allen Bewegungen im Alltag und im Sport. Außerdem tragen sie auch dazu bei, den Bauch zu formen. Jeder, der mit Bauchmuskelübungen einen flachen Bauch anstrebt, darf aber vor allem das Kapitel „Ernährung" ab Seite 68 sehr intensiv lesen – und das Gelernte natürlich umsetzen. Denn der Grund dafür, dass man keinen flachen Bauch hat, sind nicht die fehlenden Bauchmuskeln, sondern dass die bereits durchaus vorhandenen unter einer Fettschicht versteckt sind. Wir können die Bauchmuskeln durch eine gesunde Ernährung und sehr viel Bewegung freilegen.

Alle Mamas möchte ich an dieser Stelle beruhigen und ihnen den Druck nehmen, insbesondere, wenn sie kurz vor der Geburt stehen oder in der Phase direkt danach sind. Die Bauchmuskeln sollten nur bis zu einem bestimmten Schwangerschaftsmonat (meist bis zur 20. Schwangerschaftswoche) trainiert werden, ab dann sollte auf Bauchmuskeltraining verzichtet werden, damit sich die Bauchdecke geschmeidig dehnen kann und das Baby den optimalen Platz hat. Auch direkt nach der Geburt sollte noch kein Bauchtraining absolviert werden. Je nach Geburtsverlauf und Genesung kann nach dem Wochenbett (oder aber auch später) langsam mit statischen Übungen für die schräge Bauchmuskulatur begonnen werden (wie der Seitstütz), später kommen Übungen für die geraden Bauchmuskeln dazu (wie der Unterarmstütz). Diese Übungen zeigt dir in der Regel deine Hebamme. Bei weiterem guten Heilungsverlauf können nach einer gewissen Zeit dynamische Übungen (bei denen die Muskeln zusammen- und auseinandergezogen werden) in das Training integriert werden. Selbst bei kleiner Rektusdiastase (das Auseinanderweichen der geraden Bauchmuskeln) nach der Schwangerschaft habe ich mit meinen Sportlerinnen gute Erfahrungen damit gemacht, Stück für Stück und ganz langsam ein Training der Bauchmuskulatur auf- und auszubauen.

Auch das Bauchmuskeltraining bietet wieder eine gute Möglichkeit, die Teenager-Kids zu einem Battle herauszufordern. Legen wir los!

Übung 1 // Sit-up

Der Sit-up ist die bekannteste Bauchmuskelübung und hat gleichzeitig einen schlechten Ruf. Viele behaupten, sie sei schädlich für den unteren Rücken. Und das kann ich bei einer schlechten Ausführung leider nur bestätigen. Wir machen es ja aber genau richtig. ☺

Ziel: Kräftigung der geraden Bauchmuskulatur

Wiederholungen: 15 – 30

Ausführung: 1. Lege dich auf den Rücken und stelle die Füße auf, sodass deine Beine angewinkelt sind. Sie stehen hüftbreit auseinander. Die Position deiner Hände bestimmt den Schwierigkeitsgrad der Übung. Du kannst die Hände an den Kopf legen (egal wo), was schwieriger ist, oder aber die Arme nach vorn ausstrecken. Deine Wahl. Ein Ziehen mit den Händen am Kopf sollte unbedingt vermieden werden, weil du damit nur noch mehr deinen Nacken anspannst.
2. Um die Bewegung zu beginnen, hebst du nun deinen Kopf und deinen Oberkörper so weit an, bist du sitzt (deshalb heißt es auch „Sit-up"). Wenn du dich nicht komplett aufrichten kannst, fixiere die Füße unter einer Couch oder lass deine/n Partner/in die Sprunggelenke festhalten. So könnt ihr die Übung gleich abwechselnd machen und euch gegenseitig anspornen.
3. Runde dann deine Wirbelsäule: Dazu führst du das Kinn auf den Brustkorb und machst den Rücken so rund wie möglich. Rolle dich dann ganz langsam Wirbel für Wirbel ab und lege dich wieder hin, wobei der Kopf in der Luft bleibt. Dabei solltest du gleichzeitig den Bauchnabel zur Wirbelsäule ziehen und dort halten für maximale Muskelspannung.

Ziemlich anstrengend, oder? Diesen letzten Schritt „vergessen“ darum auch viele oder kennen ihn nicht einmal – und haben genau darum nach der Übung Rückenschmerzen. Selbst beim Liegen empfehle ich dir, den Bauchnabel eingezogen zu lassen, um die Bauchmuskelspannung möglichst hoch zu halten. Ein Hohlkreuz, also wenn dein unterer Rücken den Untergrund nicht berührt, sollte unbedingt vermieden werden!
Du machst die Übung richtig, wenn du dauerhaft den geraden Bauchmuskel, aber nicht den unteren Rücken spürst.

Übung 2 // Crunch

Der Crunch ist ein weiterer Klassiker für den geraden Bauchmuskel. Gegenüber dem Sit-up ist er nur die halbe Bewegung und somit deutlich leichter in der Ausführung. Auch hier besteht die Gefahr, den unteren Rücken ungewollt zu beanspruchen – aber nicht mit diesem Buch.

Ziel: Kräftigung der geraden Bauchmuskulatur mit Fokus auf die obere Partie

Wiederholungen: 15 – 50

Ausführung: 1. Du startest wieder in der Rückenlage mit den Beinen hüftbreit aufgestellt. Die Hände sind am Kopf (egal wo) und berühren diesen nur leicht. Den unteren Rücken drückst du auf den Untergrund und hältst ihn während der gesamten Ausführung dort. Somit erzeugst du mehr Spannung für den geraden Bauchmuskel (und vermeidest Rückenschmerzen).

2. Um die Bewegung zu starten, hebst du den Kopf und die Schulterblätter gleichzeitig weit an. Der untere Rücken bleibt liegen!

3. Beim Absenken (wie bei der vorangegangenen Übung) legst du dich nur bis zu den Schulterblättern ab, der Kopf bleibt in der Luft. Das Next Level und somit noch mehr Intensität für den Bauchmuskel erreichst du, indem du während der gesamten Übung wieder den Bauchnabel zur Wirbelsäule gezogen hältst.

Übung 3 // Beine heben aus der Rückenlage

Um den unteren Bereich des geraden Bauchmuskels stärker zu beanspruchen, sind Übungen in der Rückenlage mit Bewegungen der Beine sehr effektiv, wie das Beinheben und -senken mit gestreckten oder angewinkelten Beinen.

Ziel: Kräftigung der geraden Bauchmuskulatur
mit Fokus auf die untere Partie

Wiederholungen: 10 – 30

Ausführung: 1. Lege dich auf den Rücken und hebe die Beine angewinkelt (Neunzig-Grad-Winkel im Kniegelenk) in die Luft. Nun drückst du deine Lendenwirbelsäule auf den Boden und lässt sie dort die ganze Zeit über.
2. Als Nächstes werden die Beine von der Körpermitte wegbewegt, sie bleiben aber im rechten Winkel, allerdings nur so weit, dass der untere Rücken noch Kontakt mit dem Untergrund hat. Falls sich dieser Kontakt schon sehr früh löst, versuche noch aktiver die Lendenwirbelsäule in den Boden zu drücken. Wenn auch das nicht mehr möglich ist, ist dies dein Umkehrpunkt, und du ziehst die Beine wieder zurück. Wenn du die Beine so weit nach unten führen kannst, dass deine Füße den Boden berühren, könntest du dieselbe Bewegung einmal mit gestreckten Beinen ausprobieren. Entscheidend bei beiden Varianten ist, dass du die muskuläre

Beanspruchung nur im Bauchmuskel spürst. Sobald du es anderswo merkst, ist die Ausführung noch nicht richtig. Auch hier kannst du deinen Bauchmuskel noch stärker beanspruchen, indem der Bauchnabel weit zur Wirbelsäule eingezogen bleibt.

Übung 4 // Halbes Klappmesser

Das „Klappmesser" ist definitiv eine sehr herausfordernde Übung und darum äußerst effektiv, um den Bauchmuskel zu trainieren.

Ziel: Kräftigung der geraden Bauchmuskulatur mit Fokus auf die untere Partie

Wiederholungen: 8 – 20

Ausführung: 1. Wir starten in der Rückenlage. Nimm die Hände hinter den Kopf und hebe die Beine angewinkelt in die Luft (Neunzig-Grad-Winkel im Kniegelenk).
2. Hebe jetzt zeitgleich Kopf und Schulterblätter in die Luft, während die angewinkelten Beine Richtung Brustkorb gezogen werden.
3. Danach senkst du die gebeugten Beine zum Boden und legst deine Schulterblätter ab. Die Lendenwirbelsäule soll hierbei wieder auf dem Boden bleiben. Wenn du deinen unteren Rücken nicht auf dem Boden halten kannst, senke die Beine nicht ganz so weit.
4. Im Anschluss werden die Beine und der Oberkörper wieder zusammengezogen.

Das **ganze Klappmesser** funktioniert grundsätzlich genauso, nur mit gestreckten Armen und Beinen Richtung Decke. Von dort werden sie zeitgleich Richtung Boden gesenkt. Bei dieser Übung empfehle ich, zuerst die Beine und erst danach den Oberkörper und die Arme zu heben, die Fingerspitzen sollten am Ende die Fußspitzen berühren.

Übung 5 // Käfer

Der Käfer ist eine tolle Übung, um die gesamte Bauchmuskulatur an den Seiten und vorn zu trainieren.

Ziel: Kräftigung der geraden und schrägen Bauchmuskulatur

Wiederholungen: 20 – 60

Ausführung: **1.** Nimm in der Rückenlage die Hände hinter den Kopf und hebe die Beine angewinkelt an. Der untere Rücken bleibt wie immer auf dem Boden.
2. Nun werden zeitgleich ein Ellenbogen und das entgegengesetzte Knie zusammengezogen, sodass sie sich berühren. Das andere Bein wird währenddessen in der Luft ausgestreckt.
3. Im Anschluss wird die Bewegung auf der anderen Seite wiederholt.

Ich empfehle diese Übung sehr langsam und mit vollem Fokus auf die saubere Ausführung zu absolvieren. Damit können optimale Resultate erzielt und garantiert werden.

Übung 6 // Unterarmstütz

Blättere für die Erläuterung dieser Übung zurück auf Seite 24.
Und dann heißt es: Atmen, atmen, atmen und haaaalten!

ZIRKELTRAINING „STARKER BAUCH“

Aus unseren sechs Übungen bauen wir uns jetzt den Trainingsplan für unser 10-Minuten-Training.

- **Sit-up – 15–30 Wiederholungen**
- **Crunch – 15–50 Wiederholungen**
- **Beine heben aus der Rückenlage – 10–30 Wiederholungen**
- **Klappmesser – 8–20 Wiederholungen**
- **Käfer – 20–60 Wiederholungen**
- **Unterarmstütz – 30–60 Sekunden halten**

Challenge 6 // Tag 6: Starke Beweglichkeit und Dehnung in 5 Minuten

Die Beweglichkeit ist gerade für uns als Eltern wegen zweier Aspekte sehr wichtig: Erstens als Form von Entspannung und zweitens, um Verletzungen und Verspannungen vorzubeugen, die insbesondere durch das Tragen der Kids, durch ungünstige Stillpositionen, durchs Arbeiten allgemein oder im Speziellen im Haushalt entstehen.

Da dem Beweglichkeitstraining in unserem vollen Alltag jedoch selten Priorität eingeräumt wird, absolvieren wir diese Einheit nur **kurz und knackig, dafür aber bitte regelmäßig.** Auch so können wir einen sehr positiven Effekt zu erzielen.

Da das Beweglichkeitstraining vor allem auch zur Entspannung beiträgt, empfehle ich, es vor dem Zu-Bett-Gehen einzubauen. Sieh die folgenden Übungen doch einfach auch als Chance, tagtäglich etwas mehr Erholung zu erlangen und deine Schlafqualität zu verbessern. Was noch dafür spricht, das Training am Abend auszuführen, ist, dass unser Körper dann schon in Bewegung gewesen und tendenziell biegsamer ist als am Morgen, wo wir alle das Gefühl der Steifheit nur allzu gut kennen.

Bei den Übungen fokussieren wir uns auf die wichtigsten Muskelgruppen für Eltern: Hals- und Nackenbereich (Prävention für Kopfschmerzen, Migräne und Nackenverspannung) und die rückläufige Kette (Prävention für Rückenbeschwerden).

Um die Wirkung der effektiven Dehnung in Bezug auf die Erholung auszuweiten und zu verstärken, setzen wir bewusst **unsere Atmung** ein. Das bedeutet, dass du **während der Übungen lang und tief ein- und ausatmest.** Beim Ausatmen gehst du weiter in die Dehnung hinein, beim Einatmen bleibst du in der Position, bevor du beim nächsten Ausatmen noch tiefer in die Dehnung hineingehst. Du wirst überrascht sein, wie viel weiter du kommst, je mehr du dich entspannst. Außerdem ist es ein gutes Gefühl, wenn man sich bei jeder neuen Einheit bei den Dehnübungen weiter herausfordert (aber nicht überfordert!).

Übung 1 // Dehnung vom Kopfwender

Zeit: Pro Seite 30 – 90 Sekunden halten

Ausführung:

1. Stelle dich gerade hin, die Beine stehen hüftbreit auseinander, die Füße fest auf dem Boden.
2. Beim Ausatmen ziehst du die rechte Schulter nach unten, während du den Kopf zur linken Seite ziehst. Eine Dehnung an der Außenseite des Halses sollte nun gut zu spüren sein. Du kannst sie verstärken, indem du den Kopf vorsichtig noch weiter zur linken Schulter ziehst.
3. Zum Beenden der Übung löse bitte langsam die Muskelspannung.
4. Wiederhole die Dehnung auf der anderen Seite.

Übung 2 // Dehnung der Schulter- und der Schulterblattmuskulatur

Zeit: Pro Seite 30 – 90 Sekunden halten

Ausführung:
1. Für diese Dehnung kniest du dich auf den Boden und legst den rechten Unterarm vor dir ab. Deine Knie sollten nun direkt unter der Hüfte und dein Unterarm direkt unter der rechten Schulter positioniert sein.
2. Schiebe nun beim Einatmen deinen linken Arm gestreckt so weit es geht zwischen dem aufgestützten Unterarm und deinen Beinen hindurch. Wenn du es schaffst, lege die linke Schulter auf dem Boden ab.
3. Beim Ausatmen streckst du den Arm und den Oberkörper in die andere Richtung und so weit Richtung Himmel, wie es geht. Du öffnest damit deine linke Seite. Die Knie sollten dabei in der Startposition verbleiben, es dreht sich vor allem die Brust- und Halswirbelsäule.
4. Wiederhole die Übung auf der anderen Seite.

Übung 3 // Dehnung der rückläufigen Kette

Zeit: 30 – 90 Sekunden halten

Ausführung:
1. Setze dich mit gestreckten Beinen auf den Boden. Strecke die Arme über den Kopf, mache dich ganz lang und beuge dich dann langsam nach vorn, sodass die Hände die Fußspitzen berühren. Wer dies noch nicht mit durchgestreckten Knien schafft, winkelt diese so weit an, bis die Hände die Füße berühren. Wer es schafft, hält den Rücken so gerade wie möglich.
2. Beim Ausatmen werden entweder die Knie vorsichtig weiter durchge-

drückt oder der Oberkörper bei bereits durchgestreckten Knien noch weiter in Richtung der Beine bewegt. In beiden Fällen bleiben die Finger an den Zehen. Du solltest eine Dehnung in der Oberschenkelrückseite und den Kniekehlen spüren. Zusätzlich kannst du beim Ausatmen die Zehen zu dir hinziehen, so dehnst du auch noch die Wadenmuskulatur mit.

ZIRKELTRAINING „STARKE BEWEGLICHKEIT UND DEHNUNG"

Aus unseren drei Übungen bauen wir uns jetzt den Trainingsplan.

- **Dehnung vom Kopfwender – 30–90 Sekunden pro Seite**
- **Dehnung der Schulter und Schulterblattmuskulatur – 30–90 Sekunden pro Seite**
- **Dehnung der rückläufigen Kette – 30–90 Sekunden**

Challenge 7 // Tag 7: Starkes Herz in 20 Minuten

Dass Bewegung generell wichtig ist und viele positive Effekte auf dein Leben hat, ist dir bereits bewusst. Speziell deinen Herzkreislauf zu trainieren, ist aufgrund vieler Aspekten sehr sinnvoll. Wir werden dadurch belastbarer, erholen uns schneller von großen Anstrengungen und stressigen Phasen, gewinnen an Schlafqualität, haben einen besseren Fettstoffwechsel, und für uns als Eltern besonders wichtig: Wir werden noch über Jahre mit unseren Kindern und später unseren Enkelkindern mithalten können, was die Fitness und Beweglichkeit anbelangt.

Übung // Dauerlauf

Unsere effektivsten Trainingsmethoden für ein starkes Herz sind der Dauerlauf und das Intervalltraining. Das klingt erst mal abschreckend, aber es bedeutet am Ende nur, dass du möglichst eine festgelegte Zeitspanne lang ohne Unterbrechung durchlaufen sollst oder das Tempo über eine festgelegte Zeit wechselst. Wie lang diese Zeitspanne ist, legen aber wir fest: Sie beträgt 20 Minuten.

Ich möchte gleich am Anfang deine mögliche Befürchtung zerstreuen, niemals eine längere Strecke laufen zu können. Das bestes Positivbeispiel dafür ist meine Sportlerin Birgit. Die hat am Anfang nicht mal das Einlaufen von fünf Minuten durchgehalten. Was haben wir gemacht? Das Tempo ihrem Leistungsvermögen angepasst, und so schaffte sie es im nächsten Versuch, bereits 20 Minuten am Stück zu laufen.

Für Anfänger/innen

Ziel:
Die Trainingsdauer von 20 Minuten am Stück zu laufen, dich während und vor allem nach der Einheit gut zu fühlen. #mehrwohlgefühl

Ausführung:
1. Du startest mit einem **Einlaufen** von 5 Minuten, das ist im Prinzip schnelles Spazierengehen. Ziel dieser ersten Phase ist, die Körperkerntemperatur anzuheben, die Muskulatur zu aktivieren, den Herzkreislauf zu erhöhen und leicht ins Schwitzen zu kommen. Wer sich nach der vorgegebenen Zeit noch nicht bereit für eine höhere Geschwindigkeit fühlt, weil vielleicht der Puls zu hoch oder die Muskulatur bereits zu erschöpft ist, der verlängert diese Phase einfach. Dein Wohlbefinden geht immer vor!
2. Anschließend läufst du 15 Minuten am Stück.

Wer zu schnell aus der Puste kommt, Seitenstechen bekommt oder sich anderweitig an seiner Leistungsgrenze bewegt, ist zu schnell. Ein gutes Indiz für die richtige Geschwindigkeit ist, wenn du dich beim Laufen mit jemandem unterhalten kannst ohne Schnappatmung zu bekommen. Wer zum Ende hin noch Reserven verspürt, kann das Tempo ja etwas anheben und sich dadurch noch mehr auspowern.

Trainingsdauer 20 Minuten

→ **5 Minuten Einlaufen**

→ **15 Minuten Dauerlauf**

Für Fortgeschrittene

Ziel:
In 20 Minuten möglichst viele Kalorien verbrennen, den Herzkreislauf trainieren und dich ein wenig von deiner Komfortzone entfernen

Ausführung:
1. Du startest mit einem Einlaufen von 5 Minuten in selbst gewähltem Tempo.
2. Danach werden 30 Intervalle à 10 Sekunden in zügigem Tempo mit jeweils 20 Sekunden Gehpausen dazwischen absolviert, bis 15 Minuten um sind (stelle dir einen Timer).
Wenn du schon länger nicht mehr schnell gelaufen bist, solltest du die Belastung (sprich, die Geschwindigkeit) langsam steigern. Meine Empfehlung ist, mit einer fünfzigprozentigen Belastungsintensität zu starten und diese alle zehn Intervalle um ca. fünf bis zehn Prozent zu erhöhen.
Aus meiner Erfahrung empfiehlt sich für diese Einheit eine große oder mehrere kleine Runden im Wald, im Park oder auf einer Laufbahn. Wichtig ist, dass auf der Strecke ohne Unterbrechungen (wie Ampeln oder ähnliches) gelaufen werden kann.

Trainingsdauer 20 Minuten

- **5 Minuten Einlaufen**
- **10 Sekunden schnelles Laufen**
- **20 Sekunde Gehpause**
- **Das Ganze 30-mal (für 15 Minuten)**

Für Profis:

Ziel:
Hochintensives Intervalltraining, um den Herzkreislauf und die Muskulatur sehr stark zu beanspruchen

Ausführung:
1. Du absolvierst ein Einlaufen oder ein Lauf-ABC von 5 Minuten.
2. Im Anschluss sprintest du für 20 Sekunden, machst 10 Sekunden Gehpause und wiederholst diesen Ablauf für 15 Minuten.

Mit dieser Einheit bewegst du dich an der Belastungsgrenze, sie fordert die Muskulatur, den Band-Sehnen-Apparat, die Gelenke und auch die Konzentration sehr stark heraus. Daher ist für dich essenziell, das Warm-up (Einlaufen) besonders gewissenhaft zu absolvieren. In der Praxis hat es sich bewährt, die Intensität langsam und je nach Leistungsfähigkeit zu steigern.

Trainingsdauer 20 Minuten

→ **5 Minuten Einlaufen**

→ **20 Sekunden schnelles Laufen**

→ **10 Sekunden Gehpause**

→ **Das Ganze 30-mal (15 Minuten)**

Ob AnfängerIn, fortgeschritten oder Profi: Bei dieser Trainingseinheit regen wir bei allen drei Varianten den Fettstoffwechsel an, steigern unsere Ausdauerleistungsfähigkeit und trainieren unsere Muskeln, um längere und zum Teil hochintensive Beanspruchungen zu meistern.

Dranbleiben!

Glückwunsch! Du hast die erste Woche gemeistert, sehr oft deinen inneren Schweinehund überwunden und das Wichtigste: dir selbst bewiesen, dass du es kannst. Diesen Erfolg kann dir niemand mehr nehmen, und du darfst dich dafür feiern. Jetzt!

Schenke dir selbst Dankbarkeit für diese Schritte, deine Kontinuität und dass du dir die Zeit für dich genommen hast.

„Wie schaffe ich es jetzt aber, auch wirklich dranzubleiben?", fragst du dich vielleicht leise zweifelnd. Um dich mit den Worten meines Sportlers Tom (35) zu motivieren: „Diese kleinen Sporteinheiten sind Teil meines Lebens geworden", und das mit zwei kleinen Mädchen zu Hause im Corona-Wahnsinn und mit einem vollen Arbeitstag. Im Familienalltag vieler meiner Sportler und Sportlerinnen hat sich bewährt, einen **Trainingsschwerpunkt zu wählen** (z. B. den Rücken stärken oder Körperfett reduzieren) und die **Sporteinheiten nach Absprache mit den Liebsten fest einzuplanen.** Mit der folgenden exemplarischen Tabelle kannst du dein Sportprogramm für die kommenden Wochen planen und mit deinen Lieblingsübungen und -trainingsformen befüllen. Du musst nicht jeden Tag trainieren und auch nicht mehrere Einheiten pro Tag absolvieren. Falls du dennoch mehr als eine Sporteinheit pro Tag planst, könntest du zum Beispiel eine Mobilisation, ein Krafttraining und danach ein paar Dehnübungen am entsprechenden Tag in den Spalten 1,2 und 3 notieren.

Übrigens: Natürlich kannst du dir diesen Plan auch in ein eigens dafür angeschafftes **Notizbuch** übertragen, statt in dieses Buch zu schreiben. Oder aber du gehst auf den folgenden Link. Dort findest du diesen Plan (und auch alle anderen Pläne im Buch), kannst ihn dir downloaden und ausdrucken: *starkeeltern.com/buch*

Dein Plan für mehr Bewegung

Trainings-einheit	Mo	Di	Mi	Do	Fr	Sa	So
1							
2							
3							
Uhrzeit							

Auch in herausfordernden Zeiten kann ich dir nur empfehlen, die **1-Minute-Einheit täglich** zu absolvieren. So schaffst du es mitunter durch Kontinuität, sogar deine Kinder zu involvieren und gemeinsam Spaß an der Bewegung zu haben. Das macht das Durchhalten auch für dich noch mal doppelt so einfach.

Apropos Spaß: Wichtig ist, dass du dir die Übungen aus den Challenges so zusammenstellst, dass du damit bestmöglich zurechtkommst und sie in deinen und euren Alltag passen, damit du wirklich eine feste Routine entwickeln kannst. Ob du bei der Reihenfolge bleibst, in der ich dir die Übungen gezeigt habe, eine eigene wählst, deinen Fokus auf eine bestimmte Körperpartie legst, ganz nach deinem Belieben die Übungen mixt, sie verkürzt, verlängerst oder mit noch anderen Übungsformen kombinierst, ist ganz dir überlassen. Wichtig ist mir nur, dass du regelmäßig und am besten von nun an für immer Bewegung in dein Leben integrierst. **YOU CAN DO IT.**

Willkommen, liebe Sportler und Sportlerinnen!

Life Hacks für Starke Eltern im aktiven Alltag

An dieser Stelle möchte ich Tipps mit dir teilen, die meine Sportler-Eltern **in die Routine** gebracht haben, um den inneren Schweinehund zu besiegen und keine Ausreden für die täglichen Bewegungseinheiten mehr zu haben.

Wochenplan-Favorites:
Wähle aus den absolvierten Übungen jetzt deine Favoriten und plane in deinem Kalender, wann du diese Sporteinheiten in den kommenden zwei Wochen absolvieren wirst. In der letzten Woche (also ab Challenge 22) zeige ich dir, wie du dein Training für die Zukunft strukturieren kannst und somit nachhaltig erfolgreich bleibst

Einfach machen:
Nicht so lange überlegen, sondern jetzt den ersten (kleinen) Schritt machen!

Vorbereitung:
Abends schon die Sportbekleidung nebens Bett legen; im Homeoffice Sporthose tragen, obenrum kann es ja noch die Bluse oder das Hemd sein. Oder am Vortag schon die Sporttasche ins Auto packen für das Laufen direkt nach der Arbeit.

Zeitsparen:
Der ultimative Tipp für alle Mütter mit langen Haaren: Legt euch eure Trainingseinheiten auf die Tage, an denen ihr sowieso Haare waschen wollt. Diesen Hack habe ich von meiner Verlobten, er erspart tatsächlich viel Kopfzerbrechen und Zeit

Treppen gehen:
Fahrstuhl und Rolltreppe nur benutzen, wenn Gepäck oder Einkaufstüten dabei sind, sonst immer Treppen gehen

Walking-Meetings:
Walking-Meetings vereinbaren (und Kalorienverbrauch aufzeigen), auch während des Telefonierens herumgehen oder gleich mit einem zügigen Spaziergang an der frischen Luft verbinden

Wartezeit nutzen:
Beim Warten auf die letzten zwei Minuten der Waschmaschine oder beim Zähneputzen 1 Minute Kniebeugen machen

Erfolge feiern:
Kleine Erfolge feiern, den/die Partner/in darüber informieren oder am besten gleich einbinden und die ganze Familie mit dem Bewegungsdrang anstecken

Dranbleiben:
Es gibt gute und sehr gute Wochen. Die nicht so guten Wochen einfach im Kopf abhaken und wieder mit kleinen Schritten (wie die 1-Minute-Einheiten) starten. Wir Sportler sagen immer: „Du kannst nur gewinnen oder lernen." Mach es nächste Woche wieder etwas besser und lerne aus der Erfahrung.

//

ERNÄHRUNG

//

Ernährung. Deine Energie-Tankstelle

Wir tun es jeden Tag. Es ist ein Grundbedürfnis. Wir trinken und essen. Und weil es unser Körper verlangt, unsere Energie und unser Geist es uns dankt, sollten wir ihr ganz besondere Aufmerksamkeit schenken: unserer Ernährung. Sie ist der Antreiber deiner Gesundheit, der Indikator deiner Leistungsfähigkeit und das Abbild deiner Leichtigkeit – Letzteres im doppelten Sinne. Wir Eltern holen uns zudem darüber, was wir zu uns nehmen, die Power, um den Familienalltag und unsere eigene Verwirklichung kraftvoll zu meistern.

Mir ist bewusst, dass Ernährung etwas sehr Individuelles ist. Ich möchte, dass du dir deine Ernährung bewusst machst, es ist DEIN Treibstoff. Stell dir die Frage: Was esse ich gern? Was macht mich satt? Wann esse ich bewusst und wann nicht? Wie plane ich meine Mahlzeiten und wie viele Familienessen sind darin enthalten?

Ich werde in diesem Kapitel deinen **Fokus auf gesunde Energiequellen** lenken und dich mit Rezepten inspirieren, damit du eine für dich passende und zielführende Ernährung findest. Ich möchte dich für die richtigen Nährstoffe sensibilisieren, damit dein Kopf weiß, was deinem Körper richtig guttut. Ich möchte dir helfen, den richtigen Fokus auf deine Mahlzeiten zu legen, nicht unter Stress welche wegzulassen und mit Snacks zu kompensieren. Was ich nicht will, ist, dass du hungerst oder verzichten musst.

Bei meiner Sportlerin Britta, du kennst sie schon aus dem vorherigen Kapitel, hat die Umstellung auf diese Ernährungsweise folgende Wirkung gezeigt: *„Meine Jeans von vor der Schwangerschaft passen wieder. Das freut mich irre. Hätte ich das gewusst, hätte ich die Ernährung schon viel früher umgestellt und mich nicht die letzten Monate unwohl gefühlt. Ich renne zu Hause nicht mehr in Jogginghose herum, sondern endlich wieder in Jeans. Ich fühle mich viel wohler als vorher! Meine Haut ist besser, mein Schlaf ist besser, und mein Bauchumfang schrumpft."*

Bei meiner Sportlerin Susanne, auch sie kennst du bereits, hat sich die Veränderung so gezeigt (ihre Nachricht erreichte mich in der Weihnachtszeit): *„Jetzt kommen Plätzchen und Co. und ich genieße alles davon. In Maßen und wirklich mit allen Sinnen. Danach gibt es wieder Sport und gesundes Gemüse. Dank dir ist mein Kühlschrank voll mit Gemüse. Ich bin so drin in dem Lebensgefühl, fit zu sein, mich gesund zu ernähren und vor allem ein lebendes Vorbild für meine beiden Kinder zu sein. Ich möchte nie wieder anders leben! Danke, Steven."*

Elementare Punkte für gute Ernährung

Ich selbst befasse mich sehr intensiv seit 2006 mit dem Thema Ernährung, habe mich sowohl in meinem Masterstudium darauf spezialisiert als auch in zahlreichen Weiterbildungen, mithilfe von Büchern, im Austausch mit Kollegen und Kolleginnen, mit Athleten und Athletinnen, habe Erfahrungen gesammelt und geteilt. Es gibt so viele Methoden, Trends und „Wahrheiten" – wer soll da noch durchblicken? Noch immer ist meine tägliche Arbeit meine beste Lehrerin, und so habe ich bei mir selbst und bei meinen Sportlern und Sportlerinnen viele Ansätze ausprobiert und meine Methodik immer weiter verfeinert.

FÜR MEINE STARKEN ELTERN KONZENTRIERE ICH MICH AUF FÜNF ELEMENTARE PUNKTE:

1. Realistische Umsetzbarkeit in deinem Familienalltag (Gestaltung der Mahlzeiten für die ganze Familie)

2. Förderung deiner Magen-Darm-Gesundheit

3. Verbesserung deiner Insulinresistenz

4. Steigerung deines Wohlgefühls bei Senkung des Körperfettanteils und optimaler Energieversorgung

5. Prävention von Krankheiten

Mit Ernährung heilen

„Medizin heilt die Symptome und nicht die Ursachen." In dieser Aussage von Prof. Dr. Andreas Michalsen (dem Autor von „Mit Ernährung heilen") steckt so viel Wahrheit, und sie zeigt, was bei manchen erkrankten Menschen zu häufig passiert: Sie rennen mit ihren Wehwehchen sofort zum Doktor und lassen sich (manchmal blind) etwas verschreiben, statt innezuhalten und ihre Lebensweise zu hinterfragen. Ich kenne selbst viele solcher Beispiele. Über die Jahre habe ich mit meiner Arbeit aber bereits sehr vielen Menschen ohne ein einziges Medikament helfen können.

Ein tolles Beispiel ist Ralf, Papa einer 16-jährigen Tochter. Er startete mit Diabetes Typ 2 und Bluthochdruck in mein STARKE ELTERN-Programm. Sechs Monate später konnte er sich bereits deutlich weniger Insulin zuführen, hatte geringere Blutzuckerschwankungen und konnte seine Betablocker (blutdrucksenkendes Medikament) ganz absetzen. Ich könnte noch etliche weitere positive Beispiele aufzählen, bei denen ich zusammen mit meinen Sportlern und Sportlerinnen durch die Umstellung hin zu einem gesunden Lebensstil Erkrankungen wie Gicht und Rheuma oder die Folgen nach einem Herzinfarkt oder einem Schlaganfall, Schilddrüsenunter- und -überfunktion, Neurodermitis, Arthrose, Gelenk- und Rückenbeschwerden, ja sogar Depression sehr positiv beeinflussen konnte. Die Anpassung der individuellen Ernährungsweise ist dabei nie enorm radikal oder üppig, und doch sind die Auswirkungen extrem positiv.

Schritt für Schritt zum Erfolg

Neben dem Ziel, deine Ernährung hin zu einer gesunden umzustellen, ist mein Anliegen in diesem Kapitel, dass dein Verdauungstrakt die guten Lebensmittel, die du konsumieren wirst, auch richtig im Stoffwechsel verarbeitet. Denn nichts ist frustrierender, als wenn du eine bewusste und gute Ernährung pflegst und diese aufgrund von schlechter Verdauung oder Stoffwechselproblemen nicht ihre Wirkung erzielen kann. Ich möchte ja, dass du langfristig gesund bleibst.

Zu guter Letzt liegt mir am Herzen, dass du verstehst und erfährst, warum diese Umstellung für dich so hilfreich sein wird und wie du sie auch realistisch in eurem Familienalltag umsetzen kannst. Denn natürlich ist Planung und Vorbereitung – gerade im Familienalltag – der Schlüssel für eine ausgewogene Ernährung und minimiert die Ausreden und Fressfallen.

Schritt für Schritt werden wir im Folgenden deine Mahlzeiten optimieren, du wirst dabei selbst die Erfahrung machen, wie gut dir und deinem Magen-Darm-Trakt diese Ernährungsumstellung bekommt. Und ich bin mir sogar sicher, dass du bei guter Kontinuität noch deine Liebsten positiv in ihrem Essverhalten beeinflussen wirst.

GRUNDPFEILER FÜR GESUNDE ERNÄHRUNG

Drei Grundpfeiler sind meiner Erfahrung nach die optimalen Garanten für eine gesunde Energiezufuhr für STARKE ELTERN:

1. **Gemüse, Gemüse, Gemüse** und ein bisschen Obst
2. **Gesunde Proteinquellen** als Sattmacher und Freunde deiner Muskeln (sowohl beim Muskelaufbau als auch als Schutz vor Muskelabbau bei Gewichtsverlust)
3. **Gesunde Fette** in Maßen

Bevor wir gleich in die einzelnen Ernährungs-Challenges springen, möchte ich dir noch kurz erklären, wie diese zu handhaben sind:
Suche dir für die kommenden sieben Tage täglich eine meiner Empfehlungen aus und probiere sie aus. Auf diese Weise wirst du dir am Ende der Woche ein Frühstück, ein Mittagessen, ein Abendessen, eine Zwischenmahlzeit, eine Nachspeise kredenzt, deinen Flüssigkeitsbedarf optimiert und die 19-für-2-Methode angewendet haben. In den nachfolgenden Wochen kannst du dann weitere Rezepte ausprobieren oder du bleibst bei den bereits ausgewählten, weil sie dir gut schmecken

und dir guttun. Auf meiner Website findest du noch weitere Rezeptinspirationen: *starkeeltern.com/buch*. Dazu steigerst du weiterhin die Menge an Wasser pro Tag, falls du der Empfehlung noch nicht gleich ganz nachkommen kannst, und übst dich weiterhin in der 19-für-2-Methode.

Erfolgsroutinen für gesunde Ernährung

Auch hier teile ich zum Abschluss der Einleitung zum Thema Ernährung gern meine fünf **Erfolgsroutinen** mit dir. Sie können dir als Orientierung dienen, damit du ein gesundes Verhältnis zu deinen und euren gemeinsamen Mahlzeiten hast:

1. Ich esse **jeden Bissen bewusst** und schaufele nicht unachtsam wegen Stress oder nebenbei irgendetwas (auch nicht den noch halb vollen Kinderteller) in mich hinein

2. **Gemüse, Gemüse, Gemüse** ☺

3. Mein **Limettendrink** am Morgen **und viel stilles Wasser**

4. **Gute Vorbereitung** (ja, auch Snacks wollen geplant werden)

5. Ich bin **willensstark bei der Wahl meiner Speisen** und damit ein Vorbild für meinen Sohn

Die Challenges

Challenge 8 // Tag 8: Starkes Frühstück

„Frühstück ist die wichtigste Mahlzeit des Tages.“ Diesen Spruch hat jeder schon mal gehört, und insbesondere an deutschen Frühstückstischen wird er speziell am Wochenende üppig gelebt. Auch ich bin ein großer Verfechter des Frühstücks als wichtigste Mahlzeit des Tages. Entscheidend ist dabei, welche der drei **Makronährstoffe** du dabei hauptsächlich zu dir nimmst: Kohlenhydrate, Fette und/oder Proteine?

Warum ein energiereicher Start in den Tag für uns Eltern so essenziell ist, erkläre ich dir auf den kommenden Seiten, ebenfalls, warum ich so ein großer Gemüse- und Protein-Fan bin und für mein eigenes Frühstück und am Wochenende für das mit meiner Familie am liebsten Gemüse, Eier und Fisch am Start habe.

Zurück zu den Gewohnheiten: Am Wochenende darf das Brötchen absolut nicht fehlen, dazu Omas Marmelade, der Honig aus dem Nachbardorf, ein Orangensaft und Kaffee mit Milch. Unter der Woche ist es meist das „gesunde“ Müsli mit Milch oder gar kein Frühstück, weil es morgens zu stressig ist. Auweia!

Klar, auch ich kenne ein solches Frühstück, von meinen Eltern, aber auch in meiner Generation. Doch leider ist diese Auswahl sehr einseitig und nicht optimal, um kraftvoll und energetisch in den Tag zu starten, weder kalorisch, noch leistungstechnisch. Lass uns einmal auf die Nährstoffe eines solchen Frühstücks schauen, dann wird auch deutlich, warum.

Was haben all diese Lebensmittel gemeinsam? Sie bestehen hauptsächlich aus Kohlenhydraten.

Brötchen = (meist) Getreide
Marmelade = Fruchtzucker (Fruktose) und Haushaltszucker (Saccharose)
Honig = Glukose (Traubenzucker) und Fruchtzucker
Orangensaft = Fruchtzucker
Milch = Milchzucker
Müsli = Getreide

Kurzfristige Energie

Ein Frühstück aus solchen Zutaten schenkt dir zwar Energie und macht dich satt. Kurzfristig. Denn einer der beiden größten Energielieferanten sind nun mal Kohlenhydrate (neben Fetten). Die große Herausforderung bei diesem kulinarischen Start in den Tag ist jedoch, dass der Carbo-Load unseren Blutzuckerspiegel stark erhöht und infolgedessen auch der Serotoninspiegel ansteigt. Diesen Effekt kennst du, wenn du an die „Fressnarkose" nach einer groooßen Portion Spaghetti Bolo denkst. Serotonin ist ein sogenannter Neurotransmitter, welcher Informationen in den Nerven überträgt. Essen wir zu viel Kohlenhydrate, führt dieser Überschuss zu einem Gefühl der Entspannung. Ein Zustand, den wir ausgerechnet zum Start in den Tag eher nicht brauchen können. Wir können uns den Effekt gern am Abend gemäßigt zugutekommen lassen, aber darauf gehe ich später noch ein.

Proteine und Fette geben viel Energie

Für einen energetischen Start in den Tag und um deine Konzentrationsfähigkeit zu erhöhen, empfehle ich dir jedoch folgende Makronährstoffe am Morgen: viele Proteine und einige (gute) Fette. Beide geben dir ausreichend Energie, machen dich satt und lassen dich leistungsfähig in den Tag starten.

Meine Top-5-Proteine sind

- Fisch
- Eier
- Gemüse (Brokkoli, Spinat etc.)
- mageres Fleisch
- Hülsenfrüchte (Erbsen, Bohnen, wer es „Englisch“ mag)

Mein Top-5-Fettquellen sind

- Leinsamen oder Leinöl
- Olivenöl
- Avocado
- Fisch oder Meeresfrüchte
- Nüsse

Bei den Fetten ist Achtsamkeit geboten und die Menge stets im Blick zu behalten, da sie doppelt so viele Kalorien besitzen wie Proteine. Das bedeutet für dich, dass du bei den Fetten zum einen auf die Art (also nicht Fast Food, schwer im Magen liegende Fette, Knabbereien oder Gebäck) und zum anderen auf die Menge achten solltest (bei Nüssen ist es die Handvoll und nicht die ganze Tüte). **Bei Gemüse und guten Proteinen dürfen es große Portionen sein,** iss dich gern daran satt. Bereits 1972 fand Professor John D. Fernstrom von der Universität Pittsburgh heraus, dass die Zufuhr von Proteinen keinen Einfluss auf den Serotoninspiegel hat. Kohlenhydrate ließen diesen hingegen ansteigen.

Mein Mentor Charles R. Poliquin war ein großer Verfechter eines **fett- und proteinreichen Frühstücks.** Er war einer der erfolgreichsten Krafttrainer der Welt, seine Sportler holten über 20 Medaillen in verschiedenen Sportarten bei den Olympischen Spielen. Er besaß die Expertise und die Fähigkeit, aus Menschen die höchstmögliche Leistung herauszuholen und hatte dabei nicht nur deren Physis, sondern vor allem auch die Ernährung und die mentale Stärke im Blick. Weit über die Sportszene hinaus war Charles bekannt für sein **„Meat and Nut Breakfast“.**

Kinder und Ernährung

Kurzer Exkurs, wie es sich bei unseren Kindern verhält. Da sie besonders in jungen Jahren noch einen sehr hohen Bewegungsdrang haben, können sie auch Kohlenhydrate besser verstoffwechseln, und ihr Magen-Darm-Trakt ist noch nicht so stark beeinträchtigt wie unserer. Aber auch hier sind **Kohlenhydrate in Form von Gemüse, Obst oder Vollkorn die beste Wahl.** Zucker und Weizen sollte nicht zum täglichen Mahlzeitenplan gehören.

Je weniger sich dein Kind bewegt und je mehr Körperfettanteil es hat, desto mehr Gemüse, Proteine und gesunde Fette würde ich empfehlen. **Lebe ihm diese Ernährung vor** und bleibe konsequent bei deiner Einstellung dazu.

Die Rezepte

Die nun folgenden Frühstücksrezepte zählen zu meinen Favoriten.
Du kannst sie vorbereiten, um sie mit ins Büro zu nehmen oder im Homeoffice zu verzehren oder aber du bereitest sie am Wochenende mit der ganzen Familie zu.

Wir beginnen mit dem ersten Frühstücksrezept deiner siebentägigen Ernährungs-Challenge: dem für mich unverzichtbaren Drink am Morgen.

Must-do jeden Tag

LIMETTENSAFT, HIMALAYASALZ UND WASSER

Ziel: Entlastung der Nebenniere, Senkung des Cortisolspiegels, Balance des Säure-Basen-Haushalts

Ein Glas lauwarmes Wasser mit einer Löffelspitze Salz und einem Esslöffel Limettensaft ist das Erste, was ich mir am Morgen gönne und jedem empfehle, der meinem Ernährungskonzept folgen möchte.

„Warum so ein fürchterliches Getränk gleich nach dem Aufstehen?“, werde ich häufig gefragt. Eine berechtigte Frage für jemanden, der seine Vorteile nicht kennt und es nicht gewohnt ist, diesen Drink zu trinken.

Vorteil eins: Salz **entlastet die Nebenniere** und verringert damit speziell am Morgen automatisch unser hohes Cortisollevel (was auch „Stresslevel“ genannt werden könnte). Die Nebenniere ist eine kleine Drüse, die Hormone (u. a. Cortisol und Adrenalin) produziert. Insbesondere die Eltern von heute, die einer hohen Belastung durch Handys, Computer, Deadlines im Job, Zeitdruck, neben der eigenen Arbeit das Kind pünktlich aus Kita oder Schule abzuholen, und den Anspruch, auch selbst zufrieden zu sein, ausgesetzt sind, haben in der Regel ein „Thema" mit der Nebenniere. Bei Stress lässt sie das Cortisol im Körper ansteigen, was auf Dauer die Gesundheit gefährden kann. Außerdem wird als Nebeneffekt Körperfett als „Notreserve" eingelagert (leider speziell am Bauch), weil der Körper sich für harte Zeiten wappnet, wenn er zu oft Stress ausgesetzt ist. Allerdings hat eine leicht erhöhte Ausschüttung von Cortisol auch einen durchaus positiven Effekt auf unser Energielevel.

Ich bevorzuge Himalayasalz, weil es viel Eisen enthält und in fast allen größeren Supermärkten zu bekommen ist. Du kannst aber auch ein anderes Salz wählen, vorausgesetzt, es ist ein Bergsalz, da dieses ein optimaler Lieferant an Mineralstoffen ist.

Vorteil zwei: Der **positive Einfluss der Limette auf den Säure-Basen-Haushalt.** Bei einer Übersäuerung durch Lebensmittel wie Weizen, Zucker, Kaffee, verarbeitete Milch- und Fleischprodukte sowie Fisch werden dem Körper lebensnotwendige Mineralstoffe entzogen. Diese holt er sich aus den eigenen Depots wie Haare, Knochen, Knorpel oder Nägel zurück, die Folgen sind Müdigkeit, Kopfschmerzen/Migräne, Herzrasen, Gelenk- und Wirbelsäulenschmerzen, Zellulite, Haarausfall oder spröde Nägel. Der Limettensaft schmeckt zwar sauer, wirkt in deinem Körper jedoch basisch. Ingwer- und Zitronensaft haben die gleiche Wirkung und können alternativ probiert werden.

Mixe dir deinen morgendlichen Drink so, wie es dich am meisten belebt und dir am besten schmeckt. Nach ein paar Tagen gewöhnst du dich an dieses Ritual und tust dir damit auf Dauer etwas Gutes.

Frühstück werktags mit wenig Zeitaufwand

Für wenig Zeitaufwand am Morgen empfehle ich, alle folgenden Frühstücksoptionen für Montag bis Freitag so gut wie möglich vorzubereiten. Schneide eine größere Menge an Gemüse, röste Kerne und koche Eier für den nächsten Tag, bereite jeweils größere Portionen Joghurtdip am Wochenende oder am Vortag zu. Somit kannst du etwas mehr Fahrt aus der morgendlichen Rushhour nehmen und vor allem Zeit mit den Kindern am Morgen gewinnen. Wenn du zu Hause zum Verzehr keine Zeit findest, nimm dir dein Frühstück mit auf die Arbeit. Bei blöden Kommentaren der Kollegen, sei dir stets bewusst, für wen du es machst.
Für DICH und DEIN Wohlgefühl! Für mehr Leichtigkeit im Alltag!

GURKENSTULLE MIT LACHS

Zutaten für 1 Portion:

- **1 Gurke** • **4 Scheiben Räucherlachs**
- **optional Meerrettich**

Zubereitungszeit: 1 – 2 Minuten

Zubereitung:

1. Die Gurke längs halbieren und dann jede Hälfte in zwei Stücke schneiden.
2. Die Lachsscheiben auf die „Stulle" legen und optional mit Meerrettich bestreichen.

Wenn du mit deinen Kids morgens essen möchtest, schmiere ihnen ein Brot (am besten selbst gemacht und proteinreich) mit Lachs und dünnen Gurken- oder Apfelscheiben.

Nährwerte pro Portion:
Kalorien = 99 kcal; Kohlenhydrate = 5 g; Eiweiß = 8 g; Fett = 4 g

DAS SÜSSE FRÜHSTÜCK

Zutaten für 1 Portion:

- **1 EL Sonnenblumenkerne**
- **150 g Mandeljoghurt**
- **Handvoll Heidelbeeren (optional tiefgekühlt)**
- **1 TL Leinöl oder Leinsamen, geschrotet**

Zubereitungszeit: 2 – 4 Minuten

Zubereitung:

1. Die Sonnenblumenkerne ohne Öl in einer Pfanne anrösten, bis sie goldbraun sind (gleich eine größere Menge – du weißt ja, die morgendliche Zeitersparnis ...).

2. Den Mandeljoghurt, die Beeren, das Öl/die Samen mit den Kernen in eine Schüssel geben.

BONUSTIPP

Die Speise lässt sich super am Abend zuvor vorbereiten und schmeckt auch den Kids.

Nährwerte pro Portion: Kalorien = 280 kcal; Kohlenhydrate = 20 g; Eiweiß = 7 g; Fett = 25 g

Frühstück für das Wochenende

GEMÜSE-OMELETTE

Zutaten für 2 Portionen:

- **1 Hände voll Champignons**
- **1 grüne Paprika**
- **2 – 3 Stangen Frühlingszwiebeln (je nach Größe)**

- **1 EL Kokos- oder Olivenöl**
- **4 Eier**
- **1 EL Petersilie, frisch oder tiefgefroren**
- **Salz, Pfeffer**

Zubereitungszeit: 10 – 15 Minuten

Zubereitung:
1. Gemüse klein schneiden und eine Pfanne mit Kokosöl oder Olivenöl vorheizen.
2. Das Gemüse in die Pfanne geben und bis zur gewünschten Konsistenz dünsten oder anbraten.
3. Die Eier in eine Schüssel geben und nur ganz kurz verquirlen. Danach die Eimischung auf das gebratene Gemüse in die Pfanne geben, nach Belieben würzen und die Petersilie hinzugeben. Bei mittlerer Hitze das Omelett zugedeckt für ca. 5 Min. braten. Wenn du das Gemüse gern weicher magst, lass es noch ein bisschen länger in der Pfanne.

Nährwerte pro Portion:
Kalorien = 276 kcal;
Kohlenhydrate = 8 g;
Eiweiß = 19 g; Fett = 18 g

Schreibe dir deine Lieblingsvarianten auf. Notiere dir am besten auch gleich die Zutaten für deinen nächsten Einkauf und überlege, welche Speisen du für mehrere Tage vorbereiten kannst. Das erspart Zeit, Stress und vereinfacht den Aufbau deiner neuen Routinen.

Challenge 9 // Tag 9: Starkes Mittagessen

Der Arbeitstag ist in vollem Gange, Deadlines müssen ein-, Meetings abgehalten und Aufgabenlisten müssen abgearbeitet werden. Beim Blick auf die Uhr bemerkst du außerdem, dass in kurzer Zeit schon dein Kind aus der Kita oder Schule abgeholt werden muss. Und dann siehst du dich schon mit wehenden Fahnen und unerledigten To-dos auf dem Schreibtisch durch die Straßen hetzen.

Klar, dass das Mittagessen eine Mahlzeit ist, die oft aus Zeitgründen nur eine rasche Lösung sein kann – was Schnelles aus der Kantine, Asia-Pfanne, Döner oder Pizza – oder sogar komplett ausfällt. Doch auch das Mittagessen ist wichtig für uns, um energetisch und gut versorgt durch den Tag zu kommen. Vor allem, um dann auch am Abend nicht zu viel zu essen.

Wie schon beim Frühstück, empfehle ich dir auch zum Mittag stets Mahlzeiten, die die Leistungskurve und das Wohlgefühl hochhalten und dich deinen optimal benötigten Nährwerten und deinen selbst gesteckten Zielen näherbringen. Döner oder Pizza werden das nicht sein, falls du gerade überlegst ... Ein sehr **proteinreiches Mahl** hingegen hilft, den Blutzuckerspiegel zu stabilisieren, die Muskeln und das Immunsystem aufzubauen und macht außerdem satt. Dabei „überfressen“ sich an Proteinen (Fisch, helles Fleisch, Eier) die wenigsten, an Kohlenhydraten (Zucker, Getreide, Alkohol und Co.) und Fetten (Fast Food oder fettreiche Speisen) schon eher. Ernährt man sich besonders proteinreich, isst man einer Studie der Forscher Stephen Simpson und David Raubenheimer zufolge sogar automatisch weniger.

Meine Top-5-Proteinquellen zum Mittag sind

- Fisch
- Eier
- Gemüse/Hülsenfrüchte
- mageres Fleisch
- Sonnenblumen- und Kürbiskerne

Auftanken für die zweite Tageshälfte

Dein Mittagessen ist vor allem eins: dein Boxenstopp. Hier kannst du kurz runterfahren, dir bewusst Ziele für den Nachmittag stecken und für die zweite Tageshälfte auftanken. Wenn du vom Leistungsanspruch her ein Formel-1-Rennwagen sein willst, dann brauchst du, klar, den richtigen Treibstoff – aber du musst vor allem auch rechtzeitig Nachtanken. Für Top-Performer wie es auch alle Eltern sind, ist das essenziell. Daher kann ich, zusätzlich zu den folgenden Gerichten, nur empfehlen, diesen Ministopp zu nutzen, um kurz durchzuatmen, die Gedanken zu sammeln und die Finger von E-Mails, WhatsApp, Instagram, YouTube, LinkedIn und Co. zu lassen. Fokussiere dich voll darauf, dein Mittagessen mit allen Sinnen zu genießen oder in guter Gesellschaft zu verbringen. In Homeoffice-Zeiten verbringe und schätze ich diese Zeit wenn möglich mit meiner Partnerin. Danach kann es wieder auf die Rennstrecke gehen, und die Siegeschancen sind deutlich erhöht.

Die Rezepte

Auch bei den Rezepten für das Mittagessen empfiehlt es sich wieder, einiges vorzubereiten und gleich größere Mengen zu kochen, speziell vor besonders vollgepackten Tagen.

Mittagessen werktags mit wenig Zeitaufwand

TOMATE-SKYRELLA

Zutaten für 1 Portion:
- **3 Tomaten**
- **1 Stück Skyrella**
- **Salz, Pfeffer**

Zubereitungszeit: 2 – 4 Minuten

Zubereitung:
Die Tomaten und den Skyrella (optional Mozzarella light) in Scheiben oder Würfel schneiden und mit Salz und Pfeffer abschmecken. Fertig! ☺

Nährwerte pro Portion:
Kalorien = 221 kcal; Kohlenhydrate = 11 g; Eiweiß = 32 g; Fett = 4 g

SALAT MIT HÄHNCHENBRUST, ROTER BETE UND GERÖSTETEN SONNENBLUMENKERNEN

Zutaten für 2 Portionen:
- **150 g Bio-Hähnchenbrust**
- **300 g Feldsalat oder ein anderer Salat deiner Wahl**
- **3 Tomaten**
- **1 – 2 gekochte Rote-Bete-Kugeln (mit Handschuhen verarbeiten)**

- **2 EL Olivenöl und etwas mehr**
- **1 TL Sonnenblumenkerne**
- **Salz, Pfeffer**

Zubereitungszeit: 5 – 10 Minuten

Zubereitung:

1. Hähnchenfleisch klein schneiden und würzen.
2. Öl in einer Pfanne erhitzen. Fleisch darin goldbraun braten.
3. In einer weiteren (kleinen) Pfanne die Sonnenblumenkerne (ohne Öl) erhitzen und eine Weile rösten.
4. In dieser Zeit Salat und Tomaten waschen und ebenso wie die Rote Bete klein schneiden.
5. Dann das Gemüse mit dem Olivenöl mischen, würzen und das Fleisch darauf verteilen.

Für dieses Gericht empfehle ich übrigens, das Fleisch gleich für zwei Tage vorzukochen. Dazu musst du die Menge natürlich entsprechend erhöhen.

Nährwerte pro Portion:
Kalorien = 316 kcal; Kohlenhydrate = 8 g;
Eiweiß = 23 g ; Fett = 20 g

SPINATRÖLLCHEN

Zutaten für 2 Portionen
oder für den nächsten Tag:

- **3 Eier**
- **500 g Rahmspinat, tiefgefroren, aber aufgetaut (optional laktosefrei)**
- **Salz, Pfeffer**
- **optional Frischkäse oder geräucherter Lachs**

Zubereitungszeit: 15 Minuten

Zubereitung:
1. Den Ofen bei 200° Grad vorheizen. In dieser Zeit die Eier mit dem aufgetauten Spinat und etwas Salz und Pfeffer vermischen.
2. Das Backblech (oder die Fettpfanne, falls es sonst überläuft) mit Backpapier auslegen und die Spinat-Ei-Mischung gleichmäßig darauf verteilen. Für 10 Min. bei 180° Grad im Ofen backen.
3. Aus dem Ofen holen und kurz abkühlen lassen, bevor du das „besondere Omelett" in 3 – 4 Streifen schneidest und daraus Röllchen drehst. Dieses Gericht ist auch sehr gut für Reisen geeignet. Ich kombiniere es gern mit Frischkäse und geräuchertem Lachs.

Nährwerte pro Portion:
Kalorien = 269 kcal;
Kohlenhydrate = 6 g;
Eiweiß = 19 g; Fett = 18 g

BLUMENKOHL-ERBSENSUPPE MIT KÜRBISKERNÖL UND GERÄUCHERTER FORELLE

Zutaten für 3 – 4 Portionen oder für mehrere Tage:

- **1 Blumenkohl**
- **1 l Wasser**
- **1 l Kokosmilch light**
- **1 Würfel oder 1 EL Gemüsebrühe**
- **1 kg TK-Erbsen**
- **Salz, Pfeffer**
- **125 g geräucherte Forelle**
oder 1 – 2 EL Sprossen (Linsen/Rettich)
- **Kürbiskernöl**
- **Chili und Knoblauch, wer mag**

Zubereitungszeit: 15 – 25 Minuten

Zubereitung:

1. Strunk vom Blumenkohl entfernen und Blumenkohl klein schneiden.
2. In einem großen Topf Wasser, Kokosmilch, Gemüsebrühe zum Kochen bringen und Blumenkohl und Erbsen hinzufügen. Wer mag, auch den Knoblauch schälen und klein schneiden und hinzutun. Alles für 10 Min. bei mittlerer Hitze köcheln lassen, bis der Blumenkohl weich ist.
3. Alles pürieren und mit Salz und Pfeffer abschmecken (und Chili, wer mag).
4. In die Schüssel füllen. Forelle zerteilen und auf die Suppe geben (oder Sprossen/Rettich) und mit Kürbiskernöl garnieren.
Die Suppe lässt sich auch gut für die kommende Tage kühl stellen oder einfrieren.

Nährwerte pro Portion:
Kalorien = 325 kcal; Kohlenhydrate = 31 g; Eiweiß = 23 g; Fett = 8 g

Kantine, Restaurant oder unterwegs

Für die Kantine, für ein Mittagessen in einer Location außerhalb des Büros oder auch generell für jeden Restaurantbesuch gilt: **Bestelle dir eine doppelte oder gleich dreifache Portion Gemüse,** optional mit Fisch, mit magerem Fleisch, mit wenig bis gar keiner Soße. Die klassische Beilage ist als Sattmacher dann gar nicht mehr notwendig. Vegetarische Gerichte sind meist eine weitere gute Alternative, wenn sie nicht zu kohlenhydratlastig sind (wie es Reis, Nudeln, Couscous, Bulgur usw. sind).

Ich benötige schon keine Speisekarte mehr. Ich bitte die Servicekraft, mir das Fisch- und Fleischsortiment zu nennen, wähle daraus aus und bestelle mir dazu einen große Portion Gemüse (roh, gedünstet oder gebraten). Wer jetzt denkt, „Aber bei unserem Italiener um die Ecke geht das nicht", dem sage ich: Selbst dort findest du bestimmt etwas nach den beschriebenen Kriterien. Ich esse zum Beispiel gern Saltimbocca mit grünen Bohnen oder ein Stück Fisch mit mediterranem Gemüse – neben meinem Klassiker Miesmuscheln. Trau dich einfach, nachzufragen und um Alternativen zu bitten. Falls dein Lieblingsrestaurant deine Wünsche absolut nicht abbilden kann, ziehst du eben deine Joker-Karte und machst die eine Ausnahme in der Woche, die auch okay ist (dazu mehr in Challenge 14).

Wenn du dir dein Essen selbst mitbringst oder aber im Homeoffice arbeitest, ist eine wertvolle Empfehlung, **größere Portionen zum Abendessen zu kochen** und diese dann am nächsten Tag (und vielleicht auch noch am übernächsten) zum Mittag zu verzehren. **Am besten plant ihr als Familie ganz konkret eure Woche,** wann und wo gegessen wird und welche Vorbereitungen dafür eventuell getroffen werden müssen, damit alle gut und gesund versorgt sind und nicht zu womöglich ungesunden Notnagel-Snacks greifen müssen. Wir machen das zum Beispiel immer am Sonntagabend, schreiben eine Liste mit Essenswünschen von jedermann und planen auf dieser Basis unseren Einkauf.

Challenge 10 // Tag 10: Starkes Abendessen

„Frühstücken wie ein Kaiser, Mittagessen wie ein König und Abendessen wie ein Bettelmann." Dieser Spruch ist dir vielleicht noch aus deiner eigenen Kindheit bekannt. Mach es gern genauso – nur mit den richtigen Zutaten. Denn in der heutigen Zeit geht der Trend eher in eine andere Richtung. Das Frühstück wird ausgelassen oder ist nur eine schnelle Variante (Müsli oder Brot), mittags wird ebenfalls eine schnelle Lösung gesucht, und abends wird sich Zeit genommen, um die Hauptmahlzeit einzunehmen. Das sehe ich aus mehreren Aspekten sehr kritisch.

Wenn du dein Frühstück auslässt oder zu wenig isst, verschiebst du die notwendige ausreichende Nahrungsmittelaufnahme nur auf die späteren Stunden des Tages oder tappst in die Falle der Bürosnacks und lässt dich verlocken von der schnellen Kalorienzufuhr. Die brauchst du nämlich ab Punkt X, weil dein Organismus zu wenig Energie hat. Wenn dann noch das Abendessen die Hauptmahlzeit ist, fällt diese oft zu groß aus, oder es folgen die Snacks auf der Couch. Insbesondere dieser „kleine Snack" hat meist besonders viele Kalorien und lagert sich direkt in unsere Fettdepots ein. Außerdem wird durch das späte viele Essen der Magen-Darm-Trakt erst sehr spät und dafür sehr intensiv gefordert. Hier beginnt ein gefährlicher Kreislauf. Durch die hohe Energiezufuhr am späten Abend muss der Magen eine Nachtschicht einlegen und stört dadurch die Schlafroutine. Dies passiert, weil die Verdauung in vollem Gang ist, während doch eigentlich der erholsame Schlaf eingeleitet werden soll. Die Folgen sind Probleme bei der Verdauung, beim Einschlafen bzw. Durchschlafen (zum Thema „Schlaf" liest du mehr in Challenge 15).
Und mal ehrlich: Ein optimaler Start in den Tag sieht anders aus.

Die Rezepte

Auch beim Abendessen* habe ich ein paar leckere und gesunde Favoriten. Die verrate ich dir hier.

*Ich spreche bewusst nicht von „Abendbrot".

Abendessen

GEMÜSECURRY

Zutaten für 2 – 3 Portion oder mehrere Tage:

- **½ EL Ghee**
- **große Möhren**
- **Zucchini**
- **½ Porree**
- **3 Knollen gekochte Rote Bete (mit Handschuhen verarbeiten)**
- **½ Mangold**
- **400 ml Kokosmilch**
- **600 ml Wasser**
- **2 TL Gemüsebrühe**
- **1 TL Currypulver oder Currypaste**
- **Salz, Pfeffer**

Zubereitungszeit: 30 – 45 Minuten

Zubereitung:

1. Ghee oder Kokosfett in einer tiefe Pfanne oder im Wok erwärmen. Das gesamte Gemüse putzen, waschen und in Scheiben schneiden.

2. Die Möhren in die Pfanne/den Wok geben und bei mittlerer Temperatur bissfest anbraten. Danach die Zucchini, den Porree und die Rote Bete dazugeben und ebenfalls bissfest braten. Zum Schluss den Mangold mitbraten.

3. Dann das Wasser, die Kokosmilch, die Gemüsebrühe und das Currypulver/paste in die Pfanne/den Wok geben. Alles nach Belieben würzen und zusammen für 8 Min. bei niedriger Temperatur köcheln lassen. Probiere bei diesem Rezept sehr gern auch andere Gemüsesorten aus. Oder erweitere es um diese (wie Brokkoli, Kürbisstückchen, Paprika, Bohnen o. ä.) für mehr Abwechslung, wenn du es am nächsten Tag isst.

Nährwerte pro Portion:
Kalorien = 428 kcal; Kohlenhydrate = 33 g; Eiweiß = 16 g; Fett = 21 g

ZUCCHININUDELN (ZOODLES) MIT GARNELEN IN TOMATENSOSSE

Zutaten für 3 Portionen oder mehrere Tage:

- **5 Zucchini, mittelgroß**
- **400 g Cherrytomaten**
- **Zwiebel**
- **Knoblauch**
- **1 EL Olivenöl und etwas mehr**
- **150 g Partygarnelen**
- **Salz, Pfeffer**

Zubereitungszeit: 3 – 5 Minuten

Zubereitung:
1. Zucchini und Tomaten unter warmem Wasser waschen.
Die Zucchini von den Enden befreien und die Tomaten halbieren.
2. Zwiebel und den Knoblauch schälen, in kleine Würfel schneiden und in einem Topf mit Olivenöl glasig andünsten.
3. Danach die Tomaten in den Topf geben und mit geschlossenem Deckel für ca. 5 Min. köcheln lassen.

4. Garnelen dazugeben und noch mal 3 Min. mitköcheln lassen.
5. Die Zucchini mit einem Spiralschneider oder einem einfachen Sparschäler in lange, dünne „Nudeln" schneiden/schälen.
6. Wenig Olivenöl in einer Pfanne bei großer Hitze erwärmen. Die Zucchininudeln hinzugeben. Etwas Salz und Pfeffer drüberstreuen und schön al dente braten.
7. Zusammen mit der Tomaten-Garnelen-Soße servieren.

Wem die Gemüsenudeln besonders gut schmecken, dem kann ich nur empfehlen, sich eine elektrische Version des Spiralschneiders anzulegen. Das spart eine Menge Zeit bei der Zubereitung und gerade bei härterem Gemüse wie Möhren geht das Schneiden zudem um einiges leichter als manuell.

Nährwerte pro Portion:
Kalorien = 231 kcal; Kohlenhydrate = 17 g;
Eiweiß = 21 g; Fett = 7 g

BLUMENKOHL-PIZZA

Zutaten für 3 Portion oder mehrere Tage:

- **1 Blumenkohl**
- **200 g Parmesan, gerieben**
- **2 Eier**
- **100 g TK Kräutermischung**
- **Salz und Pfeffer**
- **75 ml Dose Tomaten, gehackt**
- **1 Dose Thunfisch in Eigensaft**

- **50 g Mozzarella**
- **Oregano**
- **Basilikum**

Zubereitungszeit: 20 – 30 Minuten

Zubereitung:
1. Ein Backblech mit Backpapier auslegen. Backofen bei 200° Grad vorheizen. Den Blumenkohl waschen, den Kopf vom Strunk entfernen und in einem Topf mit Wasser durchkochen.
2. Blumenkohl aus dem Topf nehmen und im Sieb abtropfen und abkühlen lassen. Danach mit viel Kraft den Blumenkohl in einem Küchentuch auswringen.
3. Die weichen Blumenkohlröschen zusammen mit dem geriebenen Parmesan, den Eiern, jeweils einer Prise Salz und Pfeffer und dem Kräuter-Mix in ein Gefäß geben und mit einem Mixer zerkleinern.
4. Die Masse gleichmäßig auf dem Backpapier verteilen und für 10 – 15 Min. in den Ofen schieben, bis sie goldbraun ist.
5. Danach das Blech aus dem Ofen nehmen und die gehackten Tomaten mit Saft, Thunfisch (abgetropft), Mozzarella, Oregano und Basilikum auf dem „Pizzaboden" verteilen. Noch einmal das Blech in den Ofen schieben, bis der Käse zerlaufen ist.

Nährwerte pro Portion:
Kalorien = 534 kcal; Kohlenhydrate = 11 g;
Eiweiß = 51 g; Fett = 30 g

Challenge 11 // Tag 11: Starke Snacks

Gute Gründe, warum du vielleicht mal wirklich dringend zwischendurch und sehr spontan einen Snack benötigst, sind: Du bist schwanger, du absolvierst an diesem Tag eine Sporteinheit oder du arbeitest im Schichtdienst. Gehörst du dazu? Nein? Dann plane deine Zwischenmahlzeiten in Zukunft ganz bewusst ein. Gerade auch als Mama oder Papa, wenn du nicht nur aus körperlichen, sondern aus sozialen Gründen öfter snackst, zum Beispiel am Nachmittag mit deinen Kindern, solltest du dir das ganz bewusst machen. Außerdem sollten diese Snacks natürlich gesund sein und nicht zu viele Kohlenhydrate und Fette enthalten.

Die Zwischenmahlzeit ist speziell im Homeoffice sehr tückisch. Der Kühlschrank und die Snack-Schublade sind prall gefüllt und meist nah am Arbeitsplatz. Es ist verrückt, da ich mich, während ich diese Zeilen schreibe, selbst dabei ertappe, wie ich überlege, welche Kleinigkeit gerade im Kühlschrank liegt. Wir denken: nur eine Scheibe Käse, ein paar Nüsse, eine Wiener, noch ein weiterer Cappuccino ... Und das drei- bis fünfmal am Tag. Und leider bleibt es auch nicht bei dem bloßen Gedanken. Ich weiß von meinen Sportlern und Sportlerinnen, dass viele von ihnen anfangs durch ihre Snacks und Zwischenmahlzeiten mehr Kalorien verputzen als sie durch ihre Hauptmahlzeiten zu sich nehmen. So entsteht schnell und dabei oft völlig unbewusst ein Kalorienüberschuss und schleichend, aber gewiss werden die Kleidungsstücke knapper und knapper.

Fokus auf drei Hauptmahlzeiten

Es wird ja durchaus kontrovers diskutiert, ob es wirklich nur drei Hauptmahlzeiten am Tag sein oder lieber noch zusätzlich Snacks verzehrt werden sollen, um keinen Heißhunger aufkommen zu lassen. Aus meiner Erfahrung heraus hat es sich bewährt, den **Fokus auf die drei Hauptmahlzeiten** zu legen. Für uns Eltern ist damit Aufwand genug geschaffen, diese gesund und frisch zuzubereiten und an der eigenen Zielstellung im Alltag auszurichten.

Wenn du aber zwischendurch Hunger verspüren solltest, empfehle ich dir erst mal, etwas zu trinken – vielleicht hast du einfach nur Durst. Das Gefühl ist nämlich tatsächlich zum Verwechseln ähnlich (achte mal am Morgen darauf, da ist es nämlich meistens nur Durst, und wir wachen nicht gleich mit einem Hungergefühl auf). Mehr zu deiner empfohlenen Menge Wasser am Tag erfährst du in Challenge 13.

Wenn der Appetit weiter anhält, dann gilt auch hier: **Gemüse essen.** Sehr hilfreich ist, Möhren, Radieschen, Paprika oder ähnliches Gemüse für solche Momente immer parat zu haben – am besten schon geschnippelt.

Der Fokus liegt also darauf, dass du, wenn du sie tatsächlich brauchst, deine **Zwischenmahlzeiten planst** und gewappnet bist, schnell etwas Gesundes zu essen (und nicht irgendwas).
Mein Favorite, wenn die Hauptmahlzeiten mal nicht ausreichen, sind neben Gemüse auch proteinreiche Snacks. Sehr gute Beispiele dafür sind:

Die Rezepte

Proteinreiche Snacks

EIER

Gekochte Eier sind super einfach in der Zu- und Vorbereitung, besitzen viel Protein, gute Fette und sättigen sehr gut. Bitte nur darauf achten, sie nicht jeden Tag bzw. nicht zu große Mengen davon zu konsumieren, da das schnell zu einer Lebensmittelunverträglichkeit führen kann.

Nährwerte am Beispiel eines gekochten Hühnereies:
Kalorien = 92 kcal; Kohlenhydrate = 0,4 g; Eiweiß = 7,7 g; Fett = 6,7 g

HARZERKÄSE

Ein Snack, den nicht alle mögen, der aber mit exzellenten Nährwerten besticht, ist Harzerkäse oder auch Quäse. Ein optimaler Sattmacher und eine sehr schnelle Lösung für zwischendurch.

Nährwerte am Beispiel 100 Gramm Harzer/ Quäse:
Kalorien = 125 kcal; Kohlenhydrate = 0,1 g; Eiweiß = 30 g; Fett =0,5 g

NÜSSE

Warum ich Nüsse als Snack gern empfehle, ist, weil sie keinen Kühlschrank benötigen und lange haltbar sind. Allerdings muss ich hier den Zeigefinger heben, denn fast alle Nusssorten kommen bei 100 g auf mehr als 600 Kalorien (durch den hohen Fettanteil) und sind damit gute, aber echte Bomben.

Nährwerte am Beispiel eine Handvoll (ca. 25 g) Nuss-Mix:
Kalorien = 157 kcal; Kohlenhydrate = 1,7 g; Eiweiß = 5 g; Fett =13,8 g

PROTEINSHAKE

Ein Klassiker in der Fitnessbranche, meist mit eher mittelmäßigem Ruf, ist der Eiweißshake. Vor zehn Jahren hätte ich diese Meinung auch geteilt, doch inzwischen hat sich die Produktion stark verbessert. Geschmacklich, in der Qualität, bei den Ursprungsquellen und vor allem bei den Nährwerten. Darum ist der Proteinshake heute zu einem meiner Favoriten avanciert, wenn es um eine einfache und schnelle Zwischenmahlzeit, insbesondere zubereitet für unterwegs, geht. Alles, was ich benötige, ist ein Shaker, das entsprechende Pulver und Wasser.

Allerdings: Shake ist nicht gleich Shake! Achte auf die Werte (auf der Packungsrückseite) und auf versteckte Zuckeranteile. Meine Empfehlung sind Produkte (aus Erbsen-, Reis-, Rind- oder Ziegenprotein) mit einem Proteinanteil von mindestens 80 % und maximal 5 % Kohlenhydraten.

Nährwerte am Beispiel eines Ziegenproteinpulvers, 1 EL:
Kalorien = 56 kcal; Kohlenhydrate = 0,6 g;
Eiweiß = 12,2 g; Fett =0,9 g

GREEN SMOOTHIE

Wer Zeit hat und sich eine richtige Mikronährstoff-Bombe geben möchte, der ist bei grünen Smoothies an der richtigen Adresse. Die basieren im Idealfall fast ausschließlich auf Gemüse, eventuell etwas Oliven- oder Leinöl für den (geringen) Fettanteil. Dazu noch Proteinpulver für den Eiweißanteil sowie das Sättigungsgefühl und für die Süßmäuler unter uns optional Beeren.

Was ist dein wahres Bedürfnis?

Wenn du merkst, dass du dich bei den Snacks nicht zurückhalten kannst und dadurch täglich zu viele Kalorien zu dir nimmst, dann versuche bitte, alle Zwischenmahlzeiten komplett auszulassen, und konzentriere dich nur auf die drei Hauptmahlzeiten (Frühstück, Mittag- und Abendessen).

Jetzt höre ich den ein oder anderen leise murren, dass er das nicht schaffen könne und vermutlich verhungern würde. Doch seien wir mal ganz ehrlich: Wann hattest du das letzte Mal wirklich Hunger? Ich rate dir, dich stattdessen lieber einmal ganz ehrlich zu fragen: Was brauchst du in diesem Moment wirklich, was ist dein wahres Bedürfnis? Ist Essen möglicherweise nur ein Zeitvertreib? Geht es wirklich darum oder folgst du nur einer Gewohnheit? Viele Menschen versuchen auch, über Essen oder Trinken Stress, Anspannung, Unzufriedenheit, Sorge, Trauer oder auch das Gefühl, nicht gesehen zu werden, zu kompensieren. Vielleicht brauchst du Entspannung, frische Luft, Me-Time, ein Gespräch mit einem vertrauten Menschen. Versuche doch mal, dein Wohlgefühl zu steigern, belohne dich (aber nicht mit einem Glas Wein, mit Süßigkeiten, Eiscreme, Chips oder Fernsehen).

Nimm dir nur **eine Minute Zeit** und reflektiere, was dich wirklich ans Ziel deines Bedürfnisses führt und dir nicht nur eine kurzfristige Befriedigung gibt, auf die auch noch in der Regel Unzufriedenheit und ein schlechtes Gewissen folgt. Brich aus diesem kalorischen und emotionalen Teufelskreis aus!

Challenge 12 // Tag 12: Starke Nachspeisen

Kommen wir endlich zu den süßen „Sünden“. Darauf hast du sicherlich schon gewartet. Der Drang nach süßen Lebensmitteln ist oft schon durch unsere Kindheit geprägt – zur Belohnung gab es etwas Süßes, als Geschenk Schokolade und dann noch die Geburtstagstorte ...

Die gute Nachricht zuerst: **Du musst nicht darauf verzichten, um deine gesteckten Ziele zu erreichen** – solange sich die Nascherei in Grenzen hält. Das ist aber längst nicht bei allen so. Ich bin manchmal selbst so ein Kandidat, der in bestimmten Situationen zu viel Süßes in sich hineinfuttert (Mamas Weihnachtsplätzchen sind einfach ein Traum ☺).

Oft bekomme ich von meinen Sportlern und Sportlerinnen zu hören: „Ich habe mir nach dem langen Tag etwas Süßes verdient“ oder „Nach der ganzen Anstrengung der Vorbereitung habe ich mir beim Kindergeburtstag ein paar Stücke Kuchen gegönnt.“ Ich frage dann gern: „Wenn du Süßigkeiten, Kuchen, Softdrinks und Co. mit Genuss verbindest, was ist dann Gemüse für dich?“ Diese provokante Frage soll wachrütteln und dazu führen, dass wir erkennen, dass die Genussmittel (dazu zähle ich auch Alkohol) nicht die Lösung für unsere eigentlichen Themen sind. Hinter dem augenscheinlichen Bedürfnis „Lust auf etwas Süßes“ (auch auf Fettiges oder Alkohol) steckt sehr oft ein ganz anderes. Die gestresste Mama oder der gestresste Papa möchte nach einem vollen und turbulenten Tag vor allem eins: Ruhe und wahrscheinlich auch etwas Me-Time. In der Tat ist es ja auch so, dass durch einen schnellen Anstieg des Insulinspiegels (wie es durch Süßigkeiten passiert) das Cortisollevel (unser Stress) sinkt.

Bitte verstehe mich an dieser Stelle nicht falsch. Ich empfehle niemandem, auf Süßigkeiten oder Süßspeisen zu verzichten und sich diese zu verbieten. Ich möchte nur deutlich machen, dass du wahrnehmen darfst, was du in diesen Momenten des Jiepers wirklich willst. Und dass du, wenn du mit deinem Körperfettanteil unzufrieden bist, am Konsum solcher Speisen und Getränke etwas ändern solltest. Verfalle nicht in alte Muster und folge stumpf gelernten Glaubenssätzen. **Mach dich auf die Suche, was dich wirklich zufrieden machen könnte.**

Und wenn du dich am Ende bewusst für Süßes entscheidest, dann ist es auch okay so (dafür gibt es dann die noch folgende 19-für-2-Methode)! Und/oder probiere doch mal die folgenden Alternativen aus. Sie sind alle ohne Industriezucker, trotzdem süß, haben deutlich weniger Kalorien und schmecken auch Kindern richtig gut. Das gemeinsame Vorbereiten der Speisen ist übrigens eine gute (Gaumen-)Familienzeit. ☺

Die Rezepte

BANANEN-PANCAKES

Zutaten für 2 – 3 Portionen:
- **2 Bananen**
- **2 Eier**
- **1 TL Kokosöl**
- **Mandeljoghurt, Heidel- oder Himbeeren**

Zubereitungszeit: 3 – 5 Minuten

Zubereitung:
1. Die Bananen mit einer Gabel zerquetschen, danach die Eier hinzugeben und gut miteinander vermischen.
2. Das Kokosöl in einer Pfanne erhitzen. Mit einem großen Löffel mehrere kleine Bananenteigkleckse in die Pfanne geben und auf beiden

Seiten goldbraun anbraten.
3. Optional die Pancakes mit etwas Mandeljoghurt, Heidel- oder Himbeeren servieren.

Nährwerte pro Portion:
Kalorien = 168 kcal; Kohlenhydrate = 21 g;
Eiweiß = 9 g; Fett = 6 g

BEEREN MIT SKYR UND GERÖSTETEN SONNENBLUMENKERNEN

Zutaten für 1 Portion:

- **1 EL Sonnenblumenkerne**
- **100 g Himbeeren**
oder eine andere Beerensorte, frisch oder TK
- **150 g Skyr**
- **½ TL Zimt**

Zubereitungszeit: 3 – 5 Minuten

Zubereitung:
1. In einer Pfanne die Sonnenblumenkerne goldbraun anrösten.
2. Die Beeren waschen und abtropfen lassen. Den Skyr in eine Schale füllen, die Beeren, die Kerne und den Zimt obendrauf geben.

Nährwerte pro Portion:
Kalorien = 203 kcal; Kohlenhydrate = 13 g;
Eiweiß = 20 g; Fett = 6 g

SCHOKOLADENKUCHEN

Zutaten für 6 –8 Portionen:

- **100 g Walnüsse oder gestiftete Mandeln**
- **100 ml Wasser**
- **250 g Zartbitterschokolade (90 %)**
- **160 g Butter**
- **7 Eier**
- **160 g Erythrit**
- **120 g blanchierte Mandeln, gemahlen**
- **optional: TK-Beeren**

Zubereitungszeit: 40 – 50 Minuten

Zubereitung:

1. Weiche die Walnüsse/Mandeln für die Garnitur in 100 ml Wasser ein, bis alle anderen Vorbereitungen beendet sind. Dadurch werden sie beim Backen nicht schwarz.
2. Schmilz die Schokolade und die Butter in einer Schüssel im Wasserbad oder in der Mikrowelle.
3. Gib alle weiteren Zutaten (bis auf die Nüsse) in eine zweite Schüssel und verquirle sie.
4. Füge die Butter-Schokoladen-Masse hinzu und verrühre alles miteinander.
5. Füge, wenn du möchtest, jetzt die TK-Beeren hinzu und rühre sie vorsichtig in die Teigmasse ein.
6. Nimm eine Silikonbackform und verteile den Teig gleichmäßig darin. Tropfe die Nüsse ab und streue sie auf den Teig. Stelle die Backform für 30–35 Min. und bei 175° Grad Umluft in den Ofen.

Nährwerte pro Stück:
Kalorien = 395 kcal; Kohlenhydrate = 18 g; Eiweiß = 11 g; Fett = 37 g

Challenge 13 // Tag 13: Starke Getränke

Dass es wichtig für unsere Gesundheit, für unser Wohlbefinden, für unseren Stoffwechsel ist, viel Wasser zu trinken, ist allseits bekannt. Ich möchte erläutern, warum ich so ein großer Fan von Wasser bin. Unsere Muskeln bestehen zu 70 Prozent, unser Blut zu 80 Prozent und unser Gehirn zu 95 Prozent aus Wasser. Bereits drei Prozent Dehydration kann zu deutlicher Leistungsminderung führen. Allein im Schlaf verliert ein Mensch bis zu 1,5 Liter Wasser.

Viel reines Wasser zu trinken hilft beim Sättigungsgefühl, kurbelt unseren Stoffwechsel ordentlich an, führt zu einer optimalen Muskel-Protein-Synthese (also der Aufnahme von Proteinen in die Muskulatur), verbessert die Nierenfunktion.

Ich empfehle, **überwiegend stilles Wasser zu trinken,** denn das ist schlichtweg das Reinste, was du zu dir nehmen kannst. Obwohl ich natürlich weiß, dass Mineralwasser viele Mineralstoffe enthält. Mit meiner in diesem Buch beschriebenen Ernährungsweise versuche ich aber auch, deinen Säure-Basen-Haushalt auszugleichen. Dieser ist bei den meisten Menschen durch zu viele „saure" Lebensmittel (zu viel Kohlensäure, Kaffee, Kohlenhydrate, Fisch, Fleisch, Milchprodukte u. v. m.) nämlich negativ beeinflusst.

Flüssigkeitsmenge planen

Das richtige Timing ist auch bei der Aufnahme von Flüssigkeit entscheidend. Für manche Menschen stellt das Trinken einer bestimmten Menge eine große Herausforderung dar. Sie „denken nicht dran" oder „können nicht so viel trinken". Oft erlebe ich, dass abends dann versucht wird, das aufzuholen, was tagsüber verpasst wurde.

Damit eine zu hohe Menge an Wasser am Abend durch zu viele Toilettengänge in der Nacht aber nicht deinen Schlaf stört, empfehle ich dir, dich über den Tag **mit dem Handywecker ans Trinken zu erinnern.** Wenn dein Ziel zum Beispiel drei Liter Wasser am Tag sind, dann könntest du dein Handy zu folgenden Zeiten stellen: erste Erinnerung um 10 Uhr: 1 Liter Wasser; zweite Erinnerung um 14 Uhr: 1 Liter Wasser; dritte Erinnerung um 18 Uhr: 1 Liter Wasser.

Sinnvoll und wirklich hilfreich ist, dir gleich drei 1-Literflaschen Wasser parat zu stellen, zum Beispiel an den Arbeitsplatz, und diese bis zum Feierabend zu leeren. Oder du füllst dir einen großen Krug mit Wasser, den du austrinkst, und den du noch mal am Mittag und am Nachmittag nachfüllst und leertrinkst. Um etwas Abwechslung in die Sache zu bringen, kannst du das Wasser auch mit frischer Minze, Zitrone oder Gurke aufpeppen.

Die Tageszeiten sind dir natürlich selbst überlassen, ich rate nur dringend dazu, dir einmal einen Plan zu erstellen und diesem dann konsequent zu folgen.

Durch das regelmäßige Trinken erlangen wir auch immer schon ein leichtes Sättigungsgefühl, unser Stoffwechsel wird über den Tag (und insbesondere gleich am Morgen) angekurbelt, und wenn wir nicht zu spät zu viel trinken, kann unser Organismus im Schlaf gut durchgespült besser ruhen.

Du verstehst bestimmt, was mein Ansatz ist: Mache es dir so leicht wie möglich, regelmäßig zu trinken, und damit zu schwer wie möglich, es zu „vergessen".

Wasser mit Geschmack

Ein Trend, der sich vor einigen Jahren entwickelt hat, ist Wasser mit jeglichen Geschmackszusätzen in den Supermarktregalen. Kurz und knapp ist meine Meinung dazu: Spar das Geld (und auch die Kalorien, die das industriell gefertigte Zeug enthält) und mach es selbst! **Eine große Karaffe Wasser mit Minze, Limette, Zitrone oder Beeren** schmeckt besser und bringt dich deutlich schneller ins Ziel.

Kaffee

Du kannst natürlich weiterhin Kaffee trinken. Achte nur darauf, die Menge zu kontrollieren, damit dein Säure-Basen-Haushalt nicht aus dem Gleichgewicht kommt. Mehr als zwei bis drei Tassen am Tag sollten es möglichst nicht sein. Ein gut gesetzter Kaffee wäre zum Beispiel, wenn du vor dem Training einen Hänger hast oder bevor die Kids von Kindergarten oder Schule kommen und die Action losgeht.

Die beste Wahl ist dann übrigens Filterkaffee, weil durch den Papierfilter die für unser Herz nicht optimalen Stoffe (Cafestol und Kahweol) herausgefiltert werden. Daher solltest du auch Mokka, auch „türkischen Kaffee" genannt, eher vermeiden. Eine weitere gute Wahl ist Espresso, der für viele magentechnisch verträglicher ist. Schwangere sollten auf entkoffeinierten Kaffee oder Tee umschwenken. Versuche außerdem, die Aufnahme von zu vielen Kalorien durch Zucker, Sirup und Milch in deinem Koffeingetränk zu minimieren. Bestenfalls verzichtest du ganz darauf. Immerhin haben drei Cappuccini schon 250 Kalorien ganz ohne Zucker.

TEE

Tee ist neben stillem Wasser deine zweitbeste Wahl, Flüssigkeit aufzunehmen, denn er ist kalorienarm. Ich spreche natürlich von Sorten ohne kandierte Früchte, Sahne, Milch oder Zucker in jeglicher Form. Bei schwarzem und grünem Tee kannst du bitte wieder die Menge kontrollieren, da diese Sorten zu den säurehaltigen Lebensmitteln zählen und außerdem das enthaltene Koffein für die Entspannung nicht förderlich ist.

SÄFTE

Ein frisch gemachter Obstsaft oder eine Apfelschorle sind etwas ganz Feines, doch für den Alltag nicht geeignet. Beides enthält zu viel (Frucht-) Zucker und Kalorien. Mal zum Vergleich: Ein Glas (200 ml) frisch gepresster Orangensaft enthält schon 90 Kalorien und 18,2 g Kohlenhydrate (davon 18 g Zucker), Apfelsaft hat 88 Kalorien bei 22 g Kohlenhydraten (20,6 g Zucker) und eine Apfelschorle 66 Kalorien und 15,5 Kohlenhydrate (13,6 g Zucker). All das muss unser Körper verarbeiten.

Auch für Kinder sehe ich stilles Wasser und (ungesüßten) Tee als beste Option, dicht gefolgt von stillem Wasser mit Minze, Limette oder Beeren. Ab und zu kann es auch eine selbst gemachte Saftschorle im Verhältnis 5:1 (Wasser zu Saft) sein. Denn auch Fruchtzucker kann für die Zahngesundheit schädlich sein und zu Übergewicht führen. Vielleicht ist mein Smoothie für das kommende Wochenende eine gute Option für dich und deine Kids?!

Zuckerlastige Getränke

Inzwischen gibt es eine große Auswahl an sehr zuckerlastigen Getränken und immer mehr davon auch in Bio, Fairtrade und/oder vegan. Hier ist es egal, ob es die Cola, der Red-Bull-Drink oder Fairtrade-Saft ist – alle enthalten

Zucker und sind somit schädlich für unsere Gesundheit. Gewiss sorgen sie nicht dafür, das eigene Wohlgefühl langfristig zu steigern. Ich bleibe dabei, dass man versuchen sollte, so wenig Kalorien und Zucker wie möglich durch Getränke aufzunehmen.

Light- und Zero-Zucker-Getränke

Mein Lieblingsthema seit Markteintritt. ☺ Ich könnten allein darüber jetzt mehrere Seiten füllen – tue ich aber nicht. Ich kürze das Ganze ab: Alle Light- und Zero-Zucker-Getränke enthalten künstliche Süßungsmittel. Und zu deren Nebenwirkungen gehören Untersuchungen zufolge Gewichtszunahme, Herzerkrankungen und Zahnprobleme. Light- und Zero-Zucker-Getränke sind darum keine gesunde Alternative, sondern tun uns genauso wenig gut wie die handelsübliche Coke mit all ihrem Zucker und ihren Kalorien.

Alkohol

Jawohl, mein zweitliebstes Thema, wenn es um Ernährung geht! Es ist für dich wichtig zu wissen, was Alkohol mit dir und deinem Körper macht: Alkohol wirkt wie eine Bremse für den Fettstoffwechsel, sorgt dafür, dass mehr Fett eingelagert wird, er mindert deine Leistungsfähigkeit, entzieht deinem Körper sehr viel Wasser und senkt den Testosteronspiegel. Da die Leber vor allem mit dem Abbau der toxischen Giftstoffe beschäftigt ist, wird diese bei zu häufigem Alkoholkonsum langfristig geschädigt. Und dann leidet auch noch sehr stark unser erholsamer Schlaf darunter – der findet nämlich nicht statt, wenn wir Alkohol getrunken haben.
Du denkst jetzt vielleicht: „Aber wenn ich ein Gläschen Wein am Abend trinke, schlafe ich viel schneller ein, weil ich nicht mehr so viel nachdenke." Stimmt. Aaaaber – im Laufe der Nacht kommt der Bumerang zurück. Denn Alkohol lässt uns sehr unruhig (durch-)schlafen, wir wachen häufiger auf, außerdem müssen wir meist öfter auf die Toilette und fühlen uns ausgetrocknet und schlecht.

Challenge 14 // Tag 14: Starke Methode

Die 19-für-2-Methode

Diese Methode ist mein **Erfolgsgarant für nachhaltige Resultate** bei meinen Sportlereltern, die weiterhin mit den Kids Pizza essen, den Weihnachtsbraten genießen, Omas Kirschstreuselkuchen schlemmen und bei Feiern Wein trinken. Ein vollständiger Verzicht und somit ein Leben in Extremen ist niemals gut und führt meines Erachtens nur zu kurzfristigen Erfolgen.

Außerdem **spart diese Methode Zeit und Stress.** Denn seien wir mal ehrlich, wir bereiten jeden Tag mindestens zwei Mahlzeiten zu, also mindestens 730 Mahlzeiten im Jahr. Und viele von uns überlegen jeden Tag oder zumindest jede Woche aufs Neue, was sie (und ihre Familie) essen sollen, schreiben immer neue Einkaufslisten, investieren super-viel Zeit in die Vorbereitung der Speisen – und wundern sich dann darüber, dass Ernährung ein Grund für ihre Überlastung ist. Ich verspreche dir aber: Genau das bekommen wir mit der 19-für-2-Methode so richtig gut in den Griff.

Hierbei geht es vor allem darum, **proaktiv in der Ernährung** zu sein. Wer drei Hauptmahlzeiten pro Tag isst, kommt am Ende einer Woche auf **21 Mahlzeiten.** Mit der 19-für-2-Methode kannst du **zwei Mahlzeiten die Woche nach Belieben** wählen. Bei den restlichen **19 richtest du dich nach den vorgeschlagenen Empfehlungen** aus diesem Kapitel. Somit kannst du ohne schlechtes Gewissen im Sommer mit den Kleinen Eis essen, bei Geschäftsterminen dasselbe essen und trinken wie alle anderen, dich bei Familien- und/oder Geburtstagsfeiern bewusst für ein Stück Kuchen entscheiden oder mit deinem Schatz abends mal ein Glas Wein trinken.

Plane deine Essenswoche

Damit du die „Ausnahmen“ gut im Blick behältst, hat sich bewährt, sie im Vorfeld genau zu planen. Was meine ich damit? Am Ende einer Woche weißt du sicherlich, was in der kommenden Woche für Veranstaltungen, Treffen oder Verabredungen anstehen. Plane deine zwei alternativen Mahlzeiten also gleich vorab fest ein: Möchtest du am Samstagmorgen die Brötchen, beim Geburtstag den Kuchen, im Meeting die Kekse essen oder beim Geschäftsessen das Bier trinken?

Dann weißt du automatisch auch schon, was du an den anderen Tagen essen (und einkaufen und kochen/vorbereiten) wirst. Beziehungsweise baust du dir anhand meiner Rezepte (oder anderer gesunder Rezepte, wenn du eine gute Quelle hast) am besten einen festen Mahlzeitenplan für die Woche auf. Auf dem basiert dann auch deine Einkaufsliste, die du jede Woche aufs Neue nutzen kannst.

Beides – die proaktive Art, dich zu ernähren, und der festgelegte Plan – erhöht garantiert deutlich deine Erfolgschancen, dranzubleiben an deiner gesunden Ernährung.

Einen Monat lang die 19-für-2-Methode

Speziell in der Pandemie war häufiges Kochen und Einkaufen für viele Eltern der absolute Zeit- und Nervenfresser. Daher habe ich mit meinen Sportlereltern einen Plan erstellt, der Zeit beim Grübeln über Rezepte und bei deren Zubereitung spart. Hab keine Angst vor Monotonie! Sieh es lieber so: Du entwickelst einfach nur eine **Routine für deine Lieblingsgerichte,** die dich jeden Tag aufs Neue stärken. Allein dieser Schritt wird dir deinen Alltag und dein gesamtes Leben sehr erleichtern.

Dein Plan für die 19-für-2-Methode

Wenn du den Plan regelmäßig nutzen möchtest, solltest du ihn dir natürlich kopieren, in dein Notizbuch abschreiben oder aber du nutzt den Link, um ihn dir dort herunterzuladen und auszudrucken: *starkeeltern.com/buch.* Er dient hier nur als Blaupause.

Wochentag	Mo	Di	Mi	Do	Fr	Sa	So
Frühstück							
Mittagessen							
Abendessen							
Snack							
Wasser/Tee/ Kaffee							

Trage zuerst deine zwei „Ausreißer“, für die du dich in der Woche bewusst entscheidest, ein. Dann wählst du aus den Rezepten der Challenges 8 bis 12 alle weiteren 19 Mahlzeiten. In der Spalte „Wasser/Tee/ Kaffee“ notierst du dir vorab die Mengen, die du dir für diese Woche vorgenommen hast.

Ich empfehle dir, diesen Plan **erst mal einen Monat** lang beizubehalten. Damit hast du bereits eine Routine geschaffen und wirst am Ende des Monats mehr Gelassenheit für das Ernährungsthema und vor allem mehr Zeit gewonnen haben.

Natürlich kannst du kleine Anpassungen in der tatsächlichen Praxis vornehmen, aber im großen Ganzen bleibst du diesem Plan treu und variierst wöchentlich nur deine zwei Alternativen.

Im zweiten Monat kannst du dann wählen, ob du den Rezepten treu bleibst oder ob du ein paar neue Rezepte aus diesem Buch (oder aus anderen guten Quellen) ausprobierst. Damit wirst du dich flexibler fühlen und deine Kochskills für Gesundes erweitern.

Falls dir diese Struktur gar nicht liegt, weil sie dir wie ein zu enges Korsett erscheint, erstelle einfach jede Woche einen neuen Plan.

Egal wofür du dich entscheidest, **sei proaktiv und überlass deine Ernährung nicht mehr dem Zufall.** Dafür essen und trinken wir zu häufig, und die ständigen Gedanken und die viele Zeit, die für die Planung des Essens draufgeht, kannst du minimieren. Und glaube mir, nach ein paar Wochen schon fühlt es sich gar nicht mehr nach Planung an. Es wird zu deiner Routine. Wie sagte mein Sportler Frank (48), der sein Gewicht schon in zwölf Monaten um 28 Kilo reduziert hat? *„Mit dieser Methode ist mein Leben so viel einfacher, und die neue Ernährungsform ist selbstverständlich geworden. Ich fühle mich einfach klasse.“*

Und jetzt: dranbleiben

Ich bin sehr stolz auf dich, denn wenn du diese Challenges absolviert hast, bist du bereits die ersten Schritte zu deiner neuen Ernährungsform gegangen.

*Guten Appetit
und genieße jeden Bissen!*

Life Hacks für Starke Eltern bei der Ernährung

Damit du jetzt dranbleibst, möchte ich dir bewährte Life Hacks STARKER ELTERN mit auf den Weg geben:

- Plane deine Mahlzeiten im Voraus für dich und deine Familie für die ganze Woche und koche für mehrere Tage vor.

- Erinnere dich daran, dir mit jeder Nahrungsaufnahme etwas Gutes zu tun – und lass die Finger davon, wenn es sich nicht gut anfühlt (ob im Kopf, im Mund, im oder am Bauch).

- Lege dir ein Ziel fest, wie viel Körperfett oder Gewicht du reduzieren möchtest. Die Teilerfolge werden deine Motivation hochhalten.

- Vertraue dieser Methode, egal, was auch passieren mag.

- Beziehe unbedingt deine eigene Familie mit ein und bitte sie, dich an dein Ziel zu erinnern und mit dir, wo es nur geht, an einem Strang zu ziehen.

- Erzähle deinem gesamten Umfeld, was du jetzt anders machst, und bitte es um Unterstützung (und warte nicht darauf, dass dir

zum fünften Mal der Wein oder der Kuchen angeboten wird.
Diese Erfahrung habe ich für dich schon gemacht ☺).

- Sei mit deinem Essverhalten und deiner Ernährungsweise ein Vorbild für deine Familie, indem du dranbleibst und ihr zeigst, welche positiven Auswirkungen es auf dein und letztendlich euer Leben hat.

- Vielesser, also Menschen, die sehr große Portionen essen, sollten vor allem Gemüse (außer Kartoffeln) als Sättigungsbeilage wählen und von Woche zu Woche die Portionsgröße reduzieren. Mir persönlich hilft die Frage: „Werde ich verhungern, wenn ich das jetzt nicht esse?"

- Bleibe bei Herausforderungen (wie Heißhunger, Verlangen nach Süßem oder emotionalem Essen) ruhig, atme durch und frage dich, was dir jetzt wirklich helfen kann, wie du diese Situation für dich gut lösen kannst und was du beim nächsten Mal besser machen kannst.

- Schreibe mich bei Fragen gern an und berichte mir von deinen Hürden und von deinen Erfolgen: *info@starkeeltern.com*

//

ENTSPANNUNG

//

Kurz innehalten

Manchmal habe ich das Gefühl, Eltern sein bedeutet ganz besonders, in der „Rushhour des Lebens" zu sein. 24/7-Betreuung unserer Kinder, der nächste Karriereschritt, gleichzeitig der Fokus auf eine erfüllte Partnerschaft, auf Freunde und Familie, den Haushalt und viele andere Groß- und Kleinprojekte. Mal ehrlich, nach diesen lebenswerten, aber doch intensiven Beanspruchungen kommt die Erholung oftmals zu kurz, oder? Aber genau die ist immanent wichtig für unseren Geist und auch unseren Körper. Denn der regeneriert und „repariert" sich selbst am besten (oder sogar nur dann), wenn er ausruhen darf. Am besten gelingt das natürlich beim erholsamen Schlafen in der Nacht. Aber auch kleine Ruhephasen innerhalb unseres Alltags sind unbedingt wichtig, damit wir immer wieder auftanken und Kraft schöpfen können, um nicht permanent an unsere Belastungsgrenze zu stoßen.

Genau daran werden wir gemeinsam in Woche drei und den kommenden sieben Tagen darum auch arbeiten. Mein Ziel ist, dir einfache und kurze Möglichkeiten zu mehr Entspannung und Leichtigkeit, für ein positives Gedankengut, erholsamen Schlaf (selbst mit Baby) und gute Regeneration an die Hand zu geben, die du dann langfristig in deinen Alltag integrieren kannst. Behalte auch in dieser Woche deine angefangene Bewegungsroutine bei, setze deine Ernährungsumstellung fort und nimm zusätzlich einen dritten Grundpfeiler für eine optimale Gesundheit und viel Wohlgefühl in deinen Fokus: die Entspannung.

Die Ausgangslage

Der Familienalltag ist, seien wir ganz ehrlich, sehr fordernd. Mir als Vater fällt immer wieder auf, dass meine aktuelle mentale Verfassung sehr oft ein Ebenbild der Harmonie innerhalb meiner kleinen Familie ist. Je ausgeglichener und im Einklang mit mir selbst ich bin, desto schöner ist unser Familienalltag – zumindest in meiner Wahrnehmung. Dies spiegeln mir auch viele Mamas und Papas in meinem Umfeld wider. Viele von ihnen berichten außerdem von einem hohen Stresspegel. Wenn dann noch unerwartete Situationen hinzukommen, die gehändelt werden wollen, verschlechtert sich die Laune noch, die Ungeduld steigt, und das Konfliktpotenzial erhöht sich. Eine explosive Mischung.

Das Feedback, was ich von vielen meiner Sportler und Sportlerinnen erhalte, ist, dass sie sich mit meinem STARKE ELTERN-Programm in Stressphasen nicht mehr so angespannt und danach nicht ausgelaugt fühlen, dass sie in ihrem Alltag insgesamt gelassener und zufriedener mit sich sind und dadurch auch geduldiger mit ihren Liebsten.

Was machst du regelmäßig für deine Erholung und für dein inneres Gleichgewicht?

Wie auch immer deine Antwort ausfällt, ich garantiere dir, dass auch *dein* Wohlgefühl nach dieser Challenge deutlich besser sein wird, und davon profitiert am Ende deine gesamte Familie.

Was dich erwartet

Jeden Tag warten neue entspannende Methoden auf dich, woraus du dir eine auswählen kannst. Für noch mehr Entspannung kannst du natürlich auch mehrere Übungen einer Challenge testen. Außerdem findest du auf meiner Website weitere Entspannungsübungen: *starkeeltern.com/buch*

Das Ziel nach dieser Woche ist, dass du konkrete Handlungsanweisungen an die Hand bekommst, um deinen Schlaf zu optimieren und Möglichkeiten der Entspannung für den Alltag zu finden, sodass du gelassener, belastbarer und mit mehr Leichtigkeit deine Aufgaben bewältigen wirst.

Bevor du mit dem ersten Tag dieser neuen Woche startest, ist ein Punkt besonders wichtig: Bei allem, was gleich kommt, darfst du dir **bewusst Zeit nur für DICH** nehmen. Verstehe mich nicht falsch, du sollst nicht deine Familie vernachlässigen oder hintanstellen. Ich möchte dir nur verdeutlichen, wie wichtig es ist, dass du deine Gesundheit und dein Wohlgefühl stärker in den Vordergrund stellst, achtsam mit dir bist. Davon profitieren alle, denn deine Zufriedenheit und Lebensfreude wird auf deine Liebsten abfärben. Das ist es, was ich mir für dich und deine Familie wünsche!

ERFOLGSROUTINEN FÜR MEHR ENTSPANNUNG

Ich persönlich vertraue auf die folgenden **fünf Erfolgsroutinen:**

1. Plane Entspannung genauso ein wie Familienzeiten, Sporteinheiten und Geschäftstermine.

2. Wende kontinuierlich im Alltag dein positives Gedankengut an und übe dich darin.

3. Atme tief durch, wenn es zu hitzig wird oder dein Temperament mit dir durchgehen will.

4. Setze einen weiteren Schwerpunkt mit regelmäßiger Regeneration neben der Bewegung.

5. Lebe deinen Kindern Leichtigkeit vor und begleite ihr Leben positiv mit Gelassenheit.

Die Challenges

„Ich bin belastbarer und gleichzeitig gelassener.“

Claudia (40, Mama von einer Tochter)

Challenge 15 // Tag 15: Starker Schlaf

Beginnen wir mit dem Schlaf. Vielleicht wirst du im Folgenden einige Aha-Momente erleben, die dir aufzeigen, warum du nicht so gut einschläfst, in der Nacht häufiger aufwachst und warum die Snoozetaste ab sofort ein No-Go für dich ist.

Wir alle wissen es aus eigener Erfahrung nur zu gut: Das Thema „Schlaf mit Kindern“ kann (speziell mit jüngeren Kindern) sehr herausfordernd sein. Unruhige und häufig unterbrochene Nächte zehren an Energie und Nervenkostüm am nächsten Tag. Weil wir den Schlaf unserer Kinder nur bedingt beeinflussen können und uns in den nächsten Jahren (ja, Jahren!) immer wieder auf neue Situationen werden einstellen müssen, wie Krankheit, Zahnen, Wachstumsschmerzen, Albträume, werden wir etwas an *dir* ändern. Mit diversen Methoden finden wir so sicherlich eine Möglichkeit, wie du selbst nach einer unruhigen Nacht frisch und gelassen in den nächsten Tag gehen kannst. Optimieren wir also deine Schlafroutine! Dazu ist ganz entscheidend, dass es nicht unbedingt um die Länge deines Schlafes geht, sondern primär um die *Schlafqualität*. Und diese können wir glücklicherweise sehr gut beeinflussen.

Die Schlafphasen

Bevor wir richtig starten, möchte ich als Grundlage kurz auf die einzelnen Schlafphasen eingehen. Fünf Phasen lassen sich unterscheiden:

1. **Einschlafphase (Minimierung der Muskelaktivität, eventuelles Muskelzucken)**

2. **Leichtschlafphase (Atem- und Herzfrequenz sinken, Körpertemperatur fällt leicht ab)**

3. **Tiefschlafphase (Gehirnaktivität beschränkt sich auf ein Minimum)**

4. **sehr tiefer Schlaf (rhythmische Atmung, wenig Muskel- und Hirnaktivität)**

5. **REM (rapid eye movement)-Phase, auch „Traumphase" genannt (schnelle Augenbewegungen, Gehirnaktivität beschleunigt sich, Herzfrequenz steigt, die Atmung ist schnell und flach)**

In einer Nacht durchlaufen wir mehrmals jede einzelne dieser fünf Phasen. Unser Ziel ist es, besonders viel von den **letzten drei Phasen** zu bekommen, um uns zu erholen, alles Geschehene gut verarbeiten zu können und aktiv in den kommenden Tag zu starten.

Einschlafen

Fangen wir beim Einschlafen an. Solltest du dabei Probleme haben, könnten folgende Methoden ein Versuch wert sein, es zu erleichtern und in Zukunft schneller und angenehmer zu gestalten. Häufig drehen sich, wenn wir endlich zur Ruhe kommen und etwas Zeit haben, innezuhalten, die Gedanken um diverse Dinge des vergangenen Tages und um bevorstehende Aufgaben, sehr häufig geht es um Sachen, die nicht so gut gelaufen sind oder uns bevorstehen. Um besser abschalten zu können, solltest du diese **Gedanken notieren und vor dem Einschlafen Entspannungsübungen machen.** Dies könnten Dehnübungen, Yoga, Atemübungen, Meditationen oder auch Danksagungen sein. Vieles davon erwartet dich in den kommenden Tagen. Bei all dem wollen wir zwei Effekte erzielen: erstens, dein System herunterfahren, und zweitens deine **Gedanken auf die positiven Dinge im Leben lenken.** Ich habe nämlich noch nie jemanden getroffen, der darüber geklagt hat, wegen des Gedankens an lustige Momente beim Abendessen, ein Lob im Job oder an die Mittagspause in der Sonne nicht einschlafen zu können. Was uns alle am ruhigen Einschlafen hindert, sind unsere Sorgen, weil wir uns über etwas ärgern oder etwas nachtrauern.

Ich frage meinen Sohn bei unserem Einschlafritual immer, was er Schönes erlebt hat und was ihm besondere Freude am heutigen Tag bereitet hat. Denn wir wünschen uns doch alle, dass unser Kind froh und beseelt einschläft, mit guten Gedanken und Gefühlen, dass es so die Nacht durchschläft und am nächsten Morgen ausgeschlafen und gut gelaunt aufsteht, oder? Genau das sollte auch unser eigenes Ziel sein.

Ich fühle mich beim Schreiben dieser Zeilen ein wenig ertappt. Denn natürlich machen wir nicht alle jeden Tag (und Abend) alles perfekt und richtig. Manchmal sind wir abgekämpft, müde, ausgelaugt und entsprechend genervt und weniger geduldig, tragen unsere Negativität mit ins Schlafzimmer (das des Kindes und unser eigenes). Oder wir lassen auch mal Fünfe gerade sein, und es gibt noch (zu) spät etwas (womöglich auch noch Ungesundes) zu essen fürs Kind, Fernsehen oder ein Handyspiel. Aber es geht auch nicht darum, immer alles richtig zu machen. Ausnahmen dürfen sein. Aber es sollten eben die Ausnahmen sein. Wichtig und von Bedeutung ist die Zu-Bett-Geh- und Einschlaf-Routine, die ihr normalerweise an den Tag legt. Worauf du bei deinem Nachwuchs noch genauestens zu achten versuchst, kommt bei dir selbst aber oft zu kurz.

Ich möchte dir darum in diesem Kapitel eine Vielzahl an Momenten aufzeigen, die du heute und sofort gut selbst beeinflussen kannst, um zu einem erholsamen Schlaf zu finden. Entscheidend ist wie immer im Leben, dass du dir nicht „nur" Wissen aneignest, sondern auch ins Handeln kommst. Dabei helfen dir sicherlich die folgenden Challenges.

Durchschlafen

Auch das eigene Durchschlafen können wir ein Stück weit beeinflussen. Natürlich aber nicht, wie oft unser Kind in der Nacht wach wird und uns dadurch aufweckt. Aber wenn wir schlafen können, sollten wir das auch ungestört tun. Auch hier sind es aber leider oft die negativen Gedanken beim Einschlafen, die an unserer Schlafqualität nagen. Das Thema haben wir eben schon angesprochen. Du weißt schon, dass du sie am besten notierst und ziehen lässt.

Des Weiteren können bestimmte Prozesse in deinem Organismus der Grund dafür sein, dass du unruhig schläfst. In der Traditionellen Chinesischen Medizin (kurz TCM) gibt es die sogenannte **Organuhr,** die beschreibt, zu welcher Zeit welche Organe in der Nacht aktiv sind, warum das der Fall ist und wie es wiederum beeinflusst, warum wir zu gewissen Zeiten nicht einschlafen können oder nachts aufwachen. Prüfe bitte, ob du einen Zusammenhang zu deinen nächtlichen Aufwachzeiten oder zu deinem unruhigen Schlaf erkennen kannst.

Die Organuhr

Zwischen 21 – 23 Uhr

In diesem Zeitraum arbeiten das Blut, die Blutgefäße und der Brustbereich und somit auch das Herz. Oftmals ist Stress ein Faktor, warum wir in dieser Zeit nicht oder nur schlecht schlafen können, weil er die Arbeit dieser Körperbereiche sehr stark anregt.

Das kannst du tun

Praktiziere Entspannungstechniken wie Yoga, Meditation oder Atemübungen (#spoileralert, viele folgen in den kommenden Tagen). Und dann ab ins Bett.

Zwischen 23 – 1 Uhr

Jetzt wird die Gallenblase richtig aktiv und verarbeitet die Enzyme bei der Fettverbrennung.

Das kannst du tun

Um diesem Organ in dieser Zeit etwas Entspannung zu gewähren, hilft dir eine leichte Kost (also wenig Fett) am Abend und das Loslassen von schlechten Gedanken wie Trauer, Wut oder Hass (welche die Gallenblase blockieren können). Hierzu empfehle ich lösungsorientierte Gespräche (nur diese bitte nicht direkt vor dem Einschlafen) oder spezielle Vergebungs-Meditationen (wenn du bisher nicht an so etwas glaubst – ein Versuch ist es wert, oder?).

Zwischen 1 – 3 Uhr

Die Leber ist in diesem Zeitfenster am Arbeiten und wird durch Schadstoffe wie Nikotin, Alkohol, Drogen oder Schuldgefühle beeinträchtigt.

Das kannst du tun

Reduziere oder eliminiere die oben aufgelisteten toxischen Stoffe und finde inneren Frieden, auch hier können dir Vergebungs-Meditationen helfen.

Zwischen 3 – 5 Uhr

In diesen sehr frühen bis frühen Morgenstunden sind die Lungen besonders aktiv. Diese sammeln Kraft für den Tag, füllen den Sauerstoffspeicher in der Muskulatur auf und stoßen durch das Ausatmen Toxine aus. Diese können durch unsere Ernährung und unser Umfeld in unseren Körper gelangen. Entzündungsfördernde und damit toxische Lebensmittel sind beispielsweise Weizen, Fast Food, Gebäck, generell

Zucker, Alkohol und zum Teil auch Milchprodukte, Kaffee und Fleisch. Auch zu viele Lebensmittel aus Quecksilberdosen („Dosenfutter") fördern toxische Stoffe in unserem Organismus. Des Weiteren können Nikotin, Drogen, Abgase von Kraftfahrzeugen und Kraftwerken, sogar der Geruch von Abfällen, auch zu viel künstliches Licht und zu wenig frische Atemluft Ursache für diese „Vergiftungen" sein. Begleiterscheinungen sind häufig Beschwerden der Atemwege, welche im schlimmsten Fall auch nachweislich zu Krebs führen können.

Das kannst du tun

Eine basische Ernährung (hier erklärt sich einmal mehr, warum du in Woche zwei eine für dich förderliche Ernährungsumstellung begonnen hast ☺), also viel Gemüse, stilles Wasser, frische und regionale Lebensmittel, sind sehr empfehlenswert. Dazu Bewegung in der Natur, also dort, wo wenige bis keine Autos, Kraftwerke und andere Schadstoffe die Umwelt belasten. Den Müll am besten gesammelt draußen aufbewahren oder häufiger entleeren und mehr natürliches Licht (Sonnenlicht sowie Kerzenschein) konsumieren.

Zwischen 5 – 7 Uhr

Jetzt ist der Dickdarm am produktivsten, als reinigendes Organ befreit er uns von Abfallstoffen und scheidet diesen Ballast aus.

Das kannst du tun

Wenn du Schlafstörungen in dieser Zeitspanne haben solltest, solltest du mehr trinken (was du ja inzwischen ohnehin machst, oder?). Mental können aufmunternde Affirmationen sehr hilfreich sein.

Snoozen/Schlummertaste

Kommen wir zu meinem geliebten Thema „Snoozen". ☺ Falls du jemand bist, der diese Taste häufiger betätigt, lies bitte UNBEDINGT weiter. Aber die Snoozetaste zu betätigen ist doch nicht schädlich, oder? Doch, ist es. Und außerdem ist es äußerst kontraproduktiv zu dem, was du eigentlich vorhast.

Ja, ich weiß selbst, wie verführerisch es ist, die Schlummertaste zu drücken. Wieder. Und wieder. Doch schauen wir uns mal die Fakten an:

- Du „schläfst" zwar weiter, aber unterbrichst deinen Schlaf-Wach-Rhythmus und beeinflusst diesen negativ.
- Du unterbrichst in der Regel nämlich eine der letzten drei Schlafphasen (von denen wir doch so viel wie möglich haben wollen).
- Du kommst danach selten wieder zurück in eine dieser Phasen.
- Du bist genervt, dass der Wecker schon wieder klingelt.
- Wirklich ausgeschlafener fühlst du dich auch nicht, oder?

Das kannst du tun

Beginne damit, dass du dein Handy nicht mehr als Wecker verwendest. Die Strahlungen (ja, auch im Flugmodus!) beeinflussen deinen Schlaf negativ. Außerdem ist die Möglichkeit, vor dem Einschlafen „noch schnell" etwas zu checken, zu groß.

Wenn du länger schlafen möchtest und kannst, dann stell deinen Wecker von vornherein auf die letztmöglichste Minute am Morgen ein. So bleibst du in den wichtigen Tiefschlafphasen und fühlst dich beim Aufstehen deutlich frischer.

MEIN TRICK

Positioniere deinen Wecker außerhalb deiner Reichweite, sodass du aufstehen musst, um ihn auszuschalten. Und dann bleibe gleich stehen.

Schlafposition

Auf das Thema „Schlafposition" bin ich im Kapitel „Bewegung" bereits eingegangen und möchte darum hier nur einmal kurz an die Wichtigkeit erinnern. Denn für einige Menschen ist die Schlafposition tatsächlich die maßgebliche Ursache für einen schlechten Schlaf und Verspannungen. Die optimale Schlafposition ist flach auf dem Rücken (um dem ganzen Sitzen am Tag entgegenzuwirken), ohne Kissen und das Kinn möglichst leicht zum Brustkorb gezogen. Wenn es zu herausfordernd ist, so zu schlafen, oder dir das geliebte Kissen fehlt, schlage ich vor, ein sehr flaches Kissen zu verwenden und dem gesamten Prozess etwas Zeit zu geben. Aus eigener Erfahrung kann ich dir sagen, dass es einfacher wird und man sich an diese Position gewöhnt, je öfter man sie probiert.

Challenge 16 // Tag 16: Starke Atmung

Bisher war die gezielte Atmung für dich (als Mama) vielleicht maximal beim Geburtsvorbereitungskurs und der Geburt Thema. An diesem Beispiel lässt sich übrigens sehr gut erklären, warum spezielle Atemtechniken für dich aber auch so hilfreich im ganz normalen Alltag sein können.

Die gute Frage ist doch, warum allen werdenden Mamas vor der Geburt das „richtige Atmen" beigebracht wird. Schließlich atmen wir doch schon und zwar mehrmals pro Minute, jeden Tag, seitdem wir leben. Nun ja, die Geburt ist ein sehr herausfordernder Prozess für den gesamten Körper und Geist der Frau (und für manche Männer ebenfalls, mental gesehen). Eine Geburt ist zu vergleichen mit einem Marathon, da wird dem Körper wirklich so einiges abverlangt. Bei solch hohen Beanspruchungen oder auch Überanstrengungen atmen wir jedoch automatisch schneller und flacher . Wir sprechen dabei von „Brustatmung", in die wir auch häufig verfallen, wenn wir in Panik sind. Diese Atmung erhöht das Stresslevel im Körper, sie kann zu Kopfschmerzen und Verspannungen führen und zu einer zu geringen Sauerstoffversorgung des Gehirns. Gerade Stress kann aber besonders hinderlich im Geburtsverlauf sein. Und genau darum lernen alle Mamas in den Geburtsvorbereitungskursen dieses Landes, die tiefe Vollatmung in den Bauch, die eine wahre Entspannungsmethode ist, und die werdenden Papas, wie sie ihre Partnerinnen darin unterstützen und daran erinnern können.

Atmung als Ventil

Speziell als Papa habe ich erkennen und lernen dürfen, dass mein Sohn ein perfektes Spiegelbild meiner selbst ist. Blöd ist nur, dass ich nicht bestimmen kann, wann mir dieses Spiegelbild gezeigt wird. ☺ Je gelassener und entspannter ich bin, desto schöner ist unsere Familienzeit. Je gestresster, in Sorge und beunruhigter ich bin, desto aufgeregter gestaltet sich unser Alltag. Das liegt wirklich sehr oft an mir und nicht an meinem Kind oder meiner Verlobten, so ehrlich kann ich sein.

Was ich in den vergangenen Jahren als Coach aber auch als Vater festgestellt habe, ist, dass wir eine bewusste Atmung ein perfektes Ventil ist, sie dient nicht nur der Entspannung, sondern führt auch zu mehr Gelassenheit und Leichtigkeit.

Was genau meine ich damit? Wenn du vor einer wichtigen Besprechung, nach einem stressigen Tag vor dem Betreten der eigenen vier Wände, in Situationen, in denen deine Erwartungen enttäuscht werden oder in deinem Familienalltag, der dir insgesamt einiges abverlangt, gelassener und entspannter bist, läuft alles besser. Du bist weniger gestresst und weniger aufgeregt.

Um in den vorher beschriebenen Situationen entspannt und gelassen zu bleiben, hilft vor allem die gezielte Bauchatmung (auf diese gehe ich gleich im Detail ein). Weitere Vorteile des tiefen Durchatmens sind: das Vorbeugen von Krankheiten (speziell Atemwegserkrankungen), die Erhöhung deiner Leistungsfähigkeit, die Kräftigung deines Immunsystems, die Verbesserung der Durchblutung, des Zellstoffwechsels und deines Schlafs. Ein bewusstes und gezieltes Atmen beruhigt deinen Geist und deinen Körper. Als Letztes ist es auch eine hervorrage Möglichkeit, besser einzuschlafen.

Unsere Grundprinzipien

Damit die Übungen für dich bei wenig Zeitaufwand den größtmöglichen Effekt haben, folge bitte diesen Grundprinzipien:

- **Bevor du beginnst, sorge dafür, dass du ungestört bist und verhindere vorab jegliche Ablenkung.**

- **Nutze diese Zeit stets für DICH und DEINE Entspannung. Du darfst dich vollends darauf einlassen und alle aufkommenden Gedanken z. B. wie Wolken am Himmel an dir vorbeiziehen lassen.**

- **Für die ersten Male empfehle ich dir, mit einer Minute zu starten und die Übung im Idealfall für eine Woche täglich zu praktizieren. Danach kannst du entweder bei dieser Länge bleiben oder du steigerst dich. Kontinuität ist hier der Schlüssel zum Erfolg.**

Atemübung 1 // Tiefe Bauchatmung

Starten wir mit einem wirksamen Klassiker, der uns ankurbelt und locker macht:

Ziel: Erlernen der gezielten Ausführung, der bewussten Entspannung (vor dem Einschlafen), des Abschaltens und der Ruhefindung

Zeit: 1 – 5 Minuten

Ausführung: 1. Nimm eine für dich bequeme Sitz- oder Liegeposition ein und lege die flachen Hände auf den Bauch. Entspanne deinen Körper und deinen Geist.
2. Nun atmest du tief ein, sodass du an deinen Händen spürst, wie sich dein Bauch weitet. Dann atmest du lang aus und versuchst dabei die gesamte Luft aus deinen Lungen zu drücken (den Bauch senken).
3. Konzentriere dich für die nächsten Minuten nur auf deine Atmung und nimm wahr, wie du den Sauerstoff durch deine Nase einatmest, er durch deinen Hals in die Lungen gelangt und dabei die Bauchdecke anhebt. Beim Ausatmen folgst du in Gedanken der Luft wieder zurück aus den Lungen durch den Hals, bis sie zum Schluss durch den Mund nach draußen gelangt.

Atemübung 2 // **4–4–4–4**

Ziel: Erlernen dieser Methode, Entspannung (vor dem Einschlafen), Abschalten und Ruhefindung

Zeit: 1 – 5Minuten

Ausführung: **1.** Auch diese Übungen kannst du wieder stehend, sitzend oder liegend ausführen. Hauptsache, du fühlst dich wohl und kannst dich vollends entspannen.
2. Atme wieder für 4 Sekunden tief durch die Nase in den Bauch ein (optional kann du die Hände auf den Bauch legen).
3. Halte die Luft für 4 Sekunden an.
4. Atme durch deinen Mund 4 Sekunden lang aus.
5. Halte die Luft wieder für 4 Sekunden an und wiederhole den Ablauf.
6. Wenn dir das Anhalten der Luft nicht so gut gelingt, lass es erst mal weg oder verkürze die Zeit und steigere dich dann von Woche zu Woche.

Bei vielen meiner Sportler und Sportlerinnen und auch bei mir selbst hat sich gezeigt, dass es sich ungemein positiv auf die eigene Stimmungslage, das Wohlgefühl und somit auf die Harmonie in der Familie auswirkt, wenn man eine diese Übungen in sehr stressigen Zeiten für eine Minute täglich praktiziert (speziell vor Meetings, nach der Pipi-Pause oder vor dem Betreten der eigenen vier Wände).

Sehr passend dazu empfinde ich als Zitat den Buchtitel von Lothar Seiwert: *„Wenn du es eilig hast, gehe langsam. Wenn du es noch eiliger hast, gehe einen Umweg“.*

Challenge 17 // Tag 17: Starke Regeneration

Viele Teilnehmer/innen meines Online-Fitness-Programms STARKE ELTERN sind erstaunt, wie hoch ihr Energielevel ist und wie schnell sie sich von intensiven Erlebnissen und Tagen erholen können, wenn sie erst einmal damit gestartet haben.

Mein Ziel ist es, das auch du deine Energiequellen schonst und schneller wieder anzapfen kannst. Belastbarer sein bedeutet nämlich genau das: größere Beanspruchung im psychischen wie auch physischen Bereich verarbeiten und die Energiedepots schnell wieder auffüllen zu können.

Den Begriff „Regeneration" kennen wir vor allem aus dem Sport. Da beschreibt er, wie gut sich unser Organismus nach vor allem körperlichen Herausforderungen wieder erholen kann. In dieser Challenge möchte ich sowohl auf die körperliche als auch auf die geistige Beanspruchung und anschließende Regeneration eingehen. Wie können wir uns von mental sehr fordernden Tagen, bis zum Rand gefüllten To-do-Listen und von intensiven physischen Tätigkeiten (wie Babys tragen, viel zu Fuß unterwegs sein oder An- und Verspannungen) optimal erholen?

Ich zeige dir Möglichkeiten für Körper und Geist auf, die deine Regenerationszeit verkürzen, sodass du deutlich belastbarer wirst. Probiere eine davon noch heute aus.

Regeneration 1 // **Wärme**

Schließe für einen Moment die Augen, stell dir vor, wie du in deinem kuscheligen Bett liegst, nichts als absolute Stille wahrnimmst, rieche den wohltuenden Duft frisch bezogener Bettwäsche und spüre, wie ein weiches Wärmekissen deinen Nacken umschließt. Ein rundum wohltuendes Gefühl, oder? Solcher Art Empfindungen kennst du sicherlich auch von einem warmen Bad, aus der Sauna, in der Wärme eines Kamins oder ähnlichem. Nahezu all diese Erfahrungen verbinden wir mit Erholung und genau die ist es auch, die diese Momente für dich so hilfreich macht. Es geht darum, sich Zeit (für sich) zu nehmen, durchzuatmen und für einen Moment gedanklich abzuschalten.

Ziel: Lockerung und Entspannung der Muskulatur, Linderung von Beschwerden in der Wirbelsäule, bei Erkältungssymptomen, Kopfschmerzen, Infektionen, Schwindel und Übelkeit

Zeit: 2 – 15 Minuten

Ausführung: Ich empfehle insbesondere vor dem Einschlafen ein Kirschkernkissen oder eine Wärmeflasche im Nacken- oder Lendenbereich. Bei Frauenleiden hilft es auch in der Bauchregion. Die optimale Ausgangslage, um mit einem wohligen Gefühl einzuschlafen oder eine Pause zu machen. Heizkissen, Wärmepflaster (bitte auf Hautverträglichkeit achten!) und Co. leisten hier ebenfalls fantastische Arbeit.

Regeneration 2 // Kälte

Wenn wir über Wärme reden, dürfen wir auch über Kälte sprechen. Den Nutzen bei Schwellungen kennen nahezu alle Menschen, doch die positiven Effekte abseits davon sind nur wenig bekannt. Dazu scheuen viele Menschen die Kälte, weil sie sie als unangenehm empfinden. Keine Sorge, du musst im Folgenden nicht gleich in den zugefrorenen See springen, zehn Minuten eiskalt duschen oder in die Eistonne steigen. Auch hier sind viele kleine Schritte bereits sehr effektiv. Bevor wir zu den Praktiken kommen, möchte ich dich erst dafür begeistern, wie toll Kälte für deinen Organismus ist. Ich selbst liebe sie aus zwei Gründen: den positiven Effekten auf meinen Körper und dem positiven Effekt auf meinen Geist. Wenn ich morgens meine kalte Dusche nehme, im Gebirgsfluss bei unter zehn Grad bade oder im Winter nach der Sauna für einen Moment im Schnee liege, ist das für mich eine Form der Meditation und der absoluten Entspannung. Dieses Gefühl der starken Durchblutung, der Frische und Entschleunigung liebe ich. Ich schalte komplett ab, bin vollkommen in diesem Moment und bei mir. Wie mir das gelingt? Durch gezielte Atmung lerne ich, mit der Kälte umzugehen, und bin in einem tiefentspannten Zustand. Das schaffe ich aber nur, wenn ich wirklich loslasse, tief atme und meinen Geist freilasse.

Zusätzlich lerne ich mehr und mehr mit außergewöhnlichen Situationen umzugehen, manche würde es vielleicht sogar damit verknüpfen, mit Schmerz besser umzugehen.

Ziel: Kälte (wie kalte Duschen, Kältebad oder Kältekammern) stärkt das Immunsystem, fördert die Durchblutung und damit die Erholungsfähigkeit, lindert Entzündungen im Körper, kann Depressionen minimieren, entspannt den Geist, verbessert die Konzentrations- und Leistungsfähigkeit und sorgt für mehr Wachheit (daher die kalte Dusche gleich am Morgen).

Zeit: 30 Sekunden bis 30 Minuten

Ausführung: Für den Start kann ich insbesondere beim „normalen" Duschen empfehlen, kurz zwischendrin die Beine mit sehr kaltem Wasser abzubrausen. Im nächsten Schritt können dann die Arme, später der Oberkörper und als Letztes der Kopf dazugenommen werden.

Regeneration 3 // Natur

Kennst du diesen Moment der Stille, der Besinnlichkeit und Zufriedenheit bei einem Schneespaziergang im Winter, beim Ruhen auf einer Blumenwiese oder beim In-die-Ferne-Schweifen des Blicks auf einem Berggipfel? Diese Verbundenheit mit der Natur tankt unsere Energiedepots optimal auf. Raus aus dem Trubel der Großstadt und den Sinnen etwas Entlastung ermöglichen.

Mir geben die Berge oder Wälder die Möglichkeit, komplett herunterzufahren und super-viel Energie für mich, meine Familie und für kommende Projekte zu tanken.

Ziel: Entschleunigung, Entspannung für unsere Sinne, Aufladen der Energiedepots, optimale Versorgung von frischer Luft

Zeit: 3 Minuten bis mehrere Tage

Ausführung: Familien kann ich speziell am Wochenende empfehlen, raus in die Natur zu gehen, dort Abenteuer zu erleben und Neues zu entdecken. Mama oder Papa können die Natur mit allen Sinnen genießen (frage dich dazu, was kann ich sehen, riechen, fühlen, hören und spüren?), während die Kinder losgelöst und neugierig die Umgebung entdecken.

Im Berufsalltag bin ich ein großer Fan von „Walking Meetings" (also die Kombination des Meetings mit einem Kollegen oder einer Kollegin mit einem Spaziergang), von Telefonaten zu Fuß im Park oder, wenn es möglich ist, vom Arbeiten auf der Terrasse oder dem Balkon. Fortschrittliche Konzerne wie z. B. Facebook haben die positiven Effekte von frischer Luft (und Bewegung) längst erkannt und auf der Dachterrasse in Silicon Valley Wegstrecken von 30, 45 und 60 Minuten für Walking Meetings kreiert.

Regeneration 4 // Düfte

Um gezielt deinen Geist zu erholen, sind auch Düfte sehr effektiv. Hier gibt es mehrere Möglichkeiten, von Kerzenduft über Duftkissen und Duftöle bis hin zu Badezusätzen.

Ziel: Mentale Entspannung, optimal zum besseren Einschlafen, gute Wirksamkeit bei Herzerkrankungen

Zeit: 1 – 5 Minuten

Ausführung: Lavendel, Eukalyptus, Sandelholz, Jasmin und Bergamotte sind zum Einschlafen sehr beliebt. Der Zirbenduft zeigt bei Herzerkrankungen eine gute Wirksamkeit und lässt dich tiefer in den Schlaf sinken. Optimal sind all diese Düfte, wenn sie so natürlich wie möglich sind. Probiere mit deinen Kindern mal abends vor dem Einschlafen oder im Moment der Entspannung einen Duft deiner Wahl. Mein Sohn liebt es beispielsweise, vor dem Einschlafen am Lavendelsäckchen oder Zirbenkissen zu schnuppern, oder wir sprühen die Kopfkissen mit Zirbenspray ein.

Regeneration 5 // Schlaf

Natürlich wird deine optimale Regeneration durch deinen Schlaf beeinflusst und positiv unterstützt. An deiner neuen Schlafroutine feilst du ja bereits seit zwei Tagen, und falls du noch mal nachlesen möchtest, blättere zurück zu Challenge 15.

Challenge 18 // Tag 18: Starke Leichtigkeit

Viele Eltern berichten mir immer wieder, ihr Ziel sei es, mit mehr Leichtigkeit durchs Leben zu gehen beziehungsweise diese wieder zu erlangen. Mir und meiner Verlobten geht es genauso. Bevor wir Eltern geworden sind, haben wir sehr viel spontan entschieden, sind am Wochenende einfach mal verreist, hatten im Alltag weniger zu organisieren, und in meiner Wahrnehmung gab es auch weniger „Erwartungsmanagement" zu händeln. Mit Kind ändert sich das, die Waschmaschine läuft viel häufiger (ne, eigentlich immer ☺), die nächste Kleidergröße sollte immer schon parat sein, für den Spielplatz muss der Rucksack mit Snacks, Trinken und Buddelzeug, eventuell Wechselsachen und Windeln gepackt sein, das Kind möchte bespielt und/oder zur Kita oder Schule hingebracht oder abgeholt werden, und parallel wartet der Haushalt und der Einkauf. Ach ja, und der Job, natürlich. Kurz: Elternsein geht definitiv nicht mal eben so nebenbei, das ist ein liebevoller Vollzeitjob über die gesamte Woche – und der ist es auch absolut wert. Doch die Leichtigkeit bleibt manchmal auf der Strecke.

Aber was genau meinen wir eigentlich, wenn wir uns mehr Leichtigkeit wünschen? Oft beschreibt es die Eigenschaft, spielerisch und unbekümmert zu sein oder weniger schwere Gedanken zu haben. Aber natürlich auch, ganz allgemein weniger Gewicht mit uns zu tragen (im tatsächlichen wie übertragenen Sinne). Für mich müssen fünf Elemente im Einklang und jedes für sich gut ausbalanciert sein, um Leichtigkeit im Elternalltag zu generieren.

Säulen der Leichtigkeit im Elternalltag

Leichtigkeit 1 // **Bewegung**

Durch ausreichend Bewegung im Alltag kannst du dich nicht nur leicht fühlen, sondern wiederum Bewegungen aller Art auch leichter ausüben. Es ist doch toll, mit den Kids, die zum Glück am Anfang (und ich hoffe auch später noch) sehr aktiv sind, mithalten zu können und gemeinsam kleine und große Abenteuer zu erleben. Daher ist für mich Bewegung elementar (erinnere dich an Challenges 1 bis 7).

Leichtigkeit 2 // **Ernährung**

Der zweite entscheidende Punkt, damit du dich leicht fühlst, hat mir deiner Ernährung zu tun. Zum einen reduziert eine gesunde Ernährung deinen Körperfettanteil und dein Gewicht, und zum anderen verleiht sie dir Leichtigkeit im Alltag.

Die Schwere von zu viel Pasta, Pizza oder dem Weihnachtsbraten kennen wir doch alle. Wir sind dann satt und kurz auch zufrieden, aber das Völlegefühl (und oft auch schlechte Gewissen) überwiegt am Ende doch. Satt zu sein und sich danach trotzdem leicht zu fühlen, ist hingegen wesentlich wünschenswerter, und es macht auch sehr viel in unserem Kopf. Diese Erfahrung hast du sicherlich bereits zum jetzigen Zeitpunkt deiner Reise mit diesem Buch gemacht, oder?

Leichtigkeit 3 // **Entspannung**

Während du das hier liest, steckst du ja schon mitten in deiner Entspannungschallenge 15 bis 21. Leichtigkeit im Leben, Entspannung und Gelassenheit gelten für mich als Synonyme.

Leichtigkeit 4 // **Mindset/Gedanken**

Unser Kopf entscheidet zusätzlich, ob sich Dinge leicht oder schwer anfühlen. Dafür sind unsere Gedanken sehr entscheidend. Unsere Kinder sind da äußerst empfindsam, sie erkennen (meist vor uns) sofort, ob wir positiv oder eher negativ drauf sind und spiegeln uns.

Für mich ist die Zeit, seitdem ich Papa bin, im mentalen Bereich eine ganz besondere. Das erste Mal in meinem Leben trage ich Verantwortung für zwei Menschen, möchte für meinen Sohn tagtäglich der tollste Papi sein. Ich möchte auch in intensiven Zeiten gelassen und besonnen agieren, alte Glaubenssätze neu gestalten, ein fantastischer Partner sein, viele Menschen positiv inspirieren, beruflich erfolgreich sein, immer für meine Familie und meine Freunde da sein, ein super-fitter Vater sein und – während ich diese Zeilen schreibe – noch ein Haus in einer anderen Stadt bauen. Die eigenen Erwartungen und Ziele sind sehr hochgesteckt, der Drang zur Perfektion ist irgendwie noch größer geworden, und da merke ich ganz deutlich, wie aufgrund der Fülle an Themen auf meiner Leichtigkeitsskala einige Punkte abgezogen werden. Eltern zu sein ist eine 24/7-Aufgabe und kann bei eigener Unzufriedenheit zur Last werden.

Was da wirklich hilft, ist das Bewusstsein, dass wir uns selbst und anderen vergeben dürfen, anstatt uns zu beSCHWERen und den Frust weiter in uns tragen (Bsp. „Hätte ich doch nur …" oder „Der … hat mir die Vorfahrt genommen"). Es ist okay, seine Erwartungen zu reduzieren, sie an die neue Lebenssituation anzupassen – der Preis ist, dafür leichter durchs Leben zu gehen. Hab ein großes Herz für DICH und deine Mitmenschen. Wir sind die Schöpfer und Schöpferinnen unseres Lebens.

Mit dem richtigen Mindset können wir viel mehr erreichen, als uns heute vielleicht bewusst ist.

Dann geht es auch darum, worauf du deinen Fokus legst. Denn der bestimmt dein Leben. Erinnere dich zurück, als du frisch verliebt warst, du hast die Welt mit anderen Augen wahrgenommen, voller Leichtigkeit und fokussiert auf Liebe und Zuneigung. Nichts konnte dich aus diesem Zustand bringen. Du entscheidest also, was dir im Leben wichtig ist und worum du dich vor allem kümmern möchtest.

Was immer hilft für mehr Leichtigkeit im (Eltern-)Alltag, ist ein positives Gedankengut. Du darfst dir dafür Zeit nehmen, Zeit, um abzuschalten und zu reflektieren. Wir dürfen unseren Kopf mehr dahingehend trainieren, an die schönen Dinge im Leben zu denken, unser Denken darauf zu lenken, was wir wirklich beeinflussen können.

Ziel: Leichtigkeit, mentale und körperliche Entspannung, mehr Wohlgefühl, besserer Schlaf

Zeit: 15 – 20 Minuten

Ausführung: Ich möchte dir folgende Fragen stellen – und bitte dich: Sei bei der Antwort ehrlich zu dir selbst:

Was bedeutet für dich Leichtigkeit?

Wann hast du das letzte Mal Leichtigkeit empfunden und wie könntest du diese wieder in dein Leben bringen?

Was brauchst du, um dich leicht zu fühlen?

Wofür bist du aktuell dankbar?

Was möchtest du wirklich? Was ist dein sehnlichster Wunsch?

**Wofür liebst du dein Kind/deine Kinder
und was liebst du an deinem/r Partner/in?**

Warum hast du dich damals in deinen Mann/deine Frau verliebt?

Was war das letzte schöne Erlebnis mit deiner Familie?

Wie könnt ihr ein solches in den kommenden Wochen wiederholen?

Worüber hast du dich das letzte Mal so richtig kaputtgelacht?

Für die Zeit des Beantwortens dieser Fragen halte bitte kurz inne und sei achtsam, was deine Antworten mit dir machen. Sie rütteln nämlich positive Erfahrungen in dir wach, und diese fühlen sich verdammt gut an, oder?

Mir geht es nicht darum, das Leben nur durch eine rosarote Brille zu sehen oder Ärgerliches und Besorgniserregendes zu verdrängen. Doch ich bin fest davor überzeugt, und meine Praxis im Coaching beweist es immer wieder, dass positive, nach vorn gerichtete Gedanken uns viel schneller ans Ziel bringen und uns gute Energie verleihen. Mit dieser Methode haben schon viele Mamas und Papas in meinem Programm Motivationstiefs bewältigt und nachhaltig Leichtigkeit in ihr Leben gebracht. Sie sind heute schlicht dankbarer und weniger getriebener.

Auch bei dieser Challenge ist Kontinuität wieder entscheidend. Denke dir gern weitere Fragen aus, die positive Erinnerungen in dir heraufbeschwören, und trainiere deinen Geist so für mehr Leichtigkeit in deinem, in eurem Leben.

Leichtigkeit 5 // Umfeld

Tim Ferriss (u. a. Autor des Buches „Die 4-Stunden-Woche") und viele andere sehr erfolgreiche Coaches manifestieren immer wieder sinngemäß, dass die Menschen, mit denen du die meiste Zeit verbringst, dich stark beeinflussen. Das heißt, sie formen deine Persönlichkeit.

Ziel: Inspiration und positive Unterstützung durch dein Umfeld, mentale Gelassenheit, viel Lebensfreude, viel Harmonie

Zeit: ein Leben lang

Ausführung: Nimm dir bitte jetzt kurz einen Moment und zähle die Personen für dich auf, mit denen du die meiste Zeit verbringst.
Und dann stelle dir folgende Frage: Haben diese Personen einen positiven Einfluss auf dich? Falls nicht, brich bitte nicht sofort den Kontakt ab! Überlege eher, welche Stärken sie haben und warum dir diese Person wichtig sind. Ich möchte an dieser Stelle meine persönlichen Erfahrungen mit diesem Thema mit dir teilen und dich inspirieren, ein wenig Gepäck abzulegen.

Meine Erfahrung

Ich habe insbesondere in den letzten Jahren gemerkt, wie viel Ballast ich mit mir herumtrage, weil ich mit der Beziehung zwischen mir und Mitgliedern meiner Familie oder meines Freundeskreises nicht mehr vollends zufrieden war. Bis zu einem gewissen Punkt hatte ich aber nicht die Courage, mein Empfinden offen zu kommunizieren, habe auf den „richtigen Moment" gewartet und somit mir selbst über eine gewisse Zeit nicht gutgetan. Diese Unzufriedenheit habe ich nämlich in meinem Inneren mit mir herumgetragen, mich geärgert, ja, ich bin ehrlich, ich habe mich manchmal auch darüber beschwert, ohne selbst etwas zu unternehmen und zum Besseren zu verändern. In die Opferrolle zu verfallen ist aber niemals ein guter Ratgeber. Und weil ich das weiß, bin ich es aktiv angegangen, weil es mir sehr wichtig war. Denn es handelte sich um sehr gute Freunde und enge Familienmitglieder. Ich habe also den Entschluss gefasst, Themen, die mich betreffen und mich in meinem Denken und Handeln beeinflussen, direkt anzusprechen.

Im Nachgang kann ich dir sagen, dass besonders der erste Schritt der schwerste ist, doch dahinter verbirgt sich die Leichtigkeit. Durch Leichtigkeit entsteht wieder Lebendigkeit, Energie und schlussendlich Lebensfreude bei allem, was wir tun. So konnte ich Kontakte festigen und bereichern und ja, manchmal auch gemeinsam mit meinem Gegenüber feststellen, dass sich unsere Gemeinsamkeiten und Wege aktuell auseinanderbewegten. Beides ist gut und schafft Raum.

Mir gefällt in diesen Zusammenhang der Vergleich mit dem „Zug des Lebens". Es steigen immer wieder Leute in unseren Zug (das Leben) ein, manche sitze ganz nah bei uns, manche etwas weiter weg, doch immer noch in unserem Zug. Es steigen weitere Personen auf dieser Reise ein und andere verlassen den Zug, manche steigen kurze Zeit an einer späteren Haltestelle wieder ein, manche steigen für immer aus.

Was ich unbedingt mit dir teilen möchte, weil ich so gute Erfahrungen damit gemacht habe, ist: Sei ehrlich zu dir selbst, mit deinen Mitmenschen und umgib dich mit Menschen, die dich bereichern. Kommuniziere, was du dir wünscht und was du an deinem Gegenüber besonders magst. Genieße und nutze das Glück, alles selbst aktiv gestalten zu können. Das sorgt für Leichtigkeit im Umgang mit deinen Liebsten, und dein Rucksack trägt sich angenehm leicht auf den Schultern.

Challenge 19 // Tag 19: Starke Meditation

Apropos „leichter Rucksack". Vor Kurzem habe ich in einem Schaufenster folgenden Spruch gelesen: „Meditate for 10 minutes a day. Unless you're busy, then meditate for 20 minutes."

Viele Menschen kommen zur Meditation, weil sie mental völlig ausgebrannt sind oder ihr Psychologe oder ihre Ärztin es ihnen geraten haben. Kurzum, wenn nicht mehr viel geht und die „Kacke am Dampfen ist". Daher passt der Schaufensterspruch auch so gut. Wenn du besonders viel Stress und keine Zeit mehr hast, ist es umso wichtiger, deinen Akku wieder aufzuladen – und da ist Meditation eine von vielen tollen Möglichkeiten.

Stress und Erholung in der Waage

Erinnerst du dich noch an die „Rushhour des Lebens“? Wer in dieser die Warnsignale des eigenen Körpers und Geistes nicht erkennt beziehungsweise seine Schmerzgrenze deutlich und zu lange überschreitet, der riskiert seine Gesundheit. Oder warum werden viele Eltern gerade im Urlaub krank und verletzen sich nach Projektabgabe im Haushalt? Ich bin davon überzeugt, dass hier der eigene Körper sagt: „Ich *zwinge* dich jetzt zur Erholung, die schon lange überfällig ist.“

Ich persönlich bin ein großer Fan davon, proaktiv zu agieren (nicht zu *reagieren*) und Schmerzen oder schmerzhafte Erfahrungen, wenn möglich von vornherein zu vermeiden. Immens wichtig halte ich es für uns in diesem Zusammenhang, **aktiv etwas für die Entschleunigung unseres Alltags zu unternehmen.**

Stressfaktoren

Berufliche Verpflichtungen

Haushalt (einkaufen, kochen)

Schlafmangel

Negative Gedanken (Sorgen/Ängste/Wut)

Zu viel Toxine/Giftstoffe

Freizeitstress

Sport

Kinderbetreuung

Partnerschaft

Nimm dir gern einen Stift und setze überall da ein Kreuz, wo du aktuell etwas Futter auf die rechte Waagschale (Erholungsfaktoren) legst. Dann kreuze alle deine momentanen Stressfaktoren an und schau, wo deine Waage steht.

Erholungsfaktoren

Basenreiche Ernährung

Erholsamer Schlaf

Bewegung in der Natur

Meditation

Yoga/Dehnübungen

Atemtechniken

Ein positives Gedankengut

Aktive Entschleunigung im (Familien-)Alltag

Sport

Ausreichend Regenerationszeit

Positive Effekte bei der Meditation

Dein Ziel ist, Stress in deinem Leben zu reduzieren. Meditation ist ein starkes Pendant zu Stress und ein Erholungsfaktor für inne Ruhe. Sie sorgt dafür, dass deine Gedanken sich beruhigen, dass du sie bewusst steuern kannst, dafür, deinen Geist zu entlasten und mehr Gelassenheit in dein Leben einziehen zu lassen. Gleichzeitig fördert sie deine Regeneration, verbessert deinen Schlaf und sorgt für die dringend benötigte Entschleunigung. Kurzum, Meditation ist das perfekte Kraftfutter für unsere rechte Waagschale. In diesen tiefentspannten Zuständen kann sich der Geist, aber eben auch der Körper sehr gut erholen, das ist auch wissenschaftlich bewiesen.

Es gibt verschiedene Formen der Meditation, die alle nach demselben Prinzip aufgebaut sind. Alle verleihen dir durch Wiederholung und Kontinuität sehr schnell tieferen inneren Frieden. Sie beruhigen deine Psyche und steuern deine Aufmerksamkeit. Das Wort „Meditation" stammt vom Lateinischen *meditatio*, was bedeutet „Mitte finden, nachdenken, nachsinnen", und dem altgriechischen *medomai* für „denken, sinnen".

Es wird zwischen passiven und aktiven Meditationen unterschieden. „Aktiv", weil diese mit Bewegungen wie z. B. im Yoga, Tai-Chi oder bei Gehmeditationen verbunden sind, „passiv", weil du an einem stillen Ort verweilst (wie bei geführten Meditationen, Achtsamkeits- oder Stillmeditation). Aus meiner Praxiserfahrung haben sich speziell für Eltern zwei verschiedene aktive und zwei passive Methoden für den Einstieg (am besten täglich 60 Sekunden) oder die Erweiterung bewährt.

Passive Meditationen

Starten wir gleich auf der nächsten Seite mit einer passiven Meditation, der einfachsten der Stillmeditationen.

Atemübung 1 // Still- oder Ruhemeditation

Ziel: Innere Ruhe finden, gedankenfrei sein

Zeit: 1 – 5 Minuten

Ausführung: **1.** Finde einen für dich ruhigen Ort und nimm eine bequeme Position ein.
2. Atme (je) 3x tief ein, lang aus und finde danach deinen Atemrhythmus.
3. Spüre, wie dein Geist und dein Atem sich beruhigen.
4. Lass alle Gedanken los, indem du dir vorstellst, es seien Wolken. Mal verdecken sie die Sonne, dann lassen sie deine Sonne wieder scheinen. Sei achtsam für die absolute Stille, die Gedankenfreiheit.

Atemübung 2 // Geführte Meditation oder Traumreise

Ziel: Innere Ruhe finden, bewusstes Abschweifen, positives Gedankengut pflegen

Zeit: 1 – 15 Minuten

Ausführung: **1.** Finde einen ruhigen Ort und eine bequeme Position.
2. Atme (je) 3x tief ein, lang aus und finde danach deinen Atemrhythmus.
3. Spüre, wie dein Atem und dein Geist sich beruhigen.
4. Wähle in Gedanken einen Ort, an den du gern wieder oder zum ersten Mal reisen möchtest. Du kannst dir auch die Zukunft gedanklich ausmalen. Schenke dir selbst ein Lächeln.
5. Stelle dir vor deinem geistigen Auge vor, wie schön es an diesem Ort ist. Was erfreut dein Auge beim Anblick? Was kannst du hören? Kannst

du einen Duft wahrnehmen oder etwas mit deinen Händen oder deiner Haut erspüren? Wie fühlt es sich an, an diesem Ort zu sein? Welche Menschen bereichern deine Reise?

Wenn das Abschalten oder die tatsächliche Entspannung nicht gleich funktioniert, ist dies ganz natürlich. Dein Geist ist ein solches Training (noch) nicht gewöhnt. Es ist die perfekte Möglichkeit, dich in Geduld und Kontinuität zu üben.

Aktive Meditationen

Kommen wir zu den aktiven Meditationen. Warum ich diese besonders toll für Mamas und Papas finde, ist, weil sie zum einen in der freien Natur und zum anderen mit unseren Kindern stattfinden können.

Atemübung 3 // Gehmeditation

Ziel: Erholung deines Geistes, leichte Form der Bewegung, Bad in der Natur

Zeit: 1 – 10 Minuten

Ausführung: 1. Für diese aktive Meditation empfehle ich dir einen Wald, Park, Feldweg, die Berge oder, wenn es nicht anders geht, den größten Raum zu Hause. In jedem Fall einen Ort ohne Fahrzeuge, mit nur wenigen Menschen und Geräuschen um dich herum.
2. Bevor du losgehst, bleibe kurz stehen, schließe die Augen und atme tief ein und lang aus.
3. Spüre, wie dein Atem und dein Geist sich beruhigen. Wenn du im Freien bist, nimm den Boden, auf dem du stehst, ganz bewusst wahr und

genieße einen tiefen (Nasen-)Atemzug Natur.
4. Öffne deine Augen und gehe langsam los. Nimm die Farben, die Geräusche und den Geruch deiner Umgebung wahr. Lass deine Gedanken schweifen und tauche tief in deine Umgebung und diesen Moment ein. Nutze auch hier alle Sinne und fühle in dich hinein, in die Natur oder deine vertrauten vier Wände.

Zusammen mit Kindern kannst du das auch schön spielerisch machen mit „Ich sehe was, was du nicht siehst" oder beim Beschnuppern verschiedener Waldelemente (Baumrinden, Kiefern, Tannenzapfen und Co.).

Atemübung 4 // Tanzmeditation

Ziel: Abschalten, mentale Erholung, viel Aktivität, Freude

Zeit: 1 – 10 Minuten

Ausführung: 1. Bevor du beginnst, schließe deine Augen und atme tief ein und lang aus. Bereite dich darauf vor, in den kommenden Minuten alles loszulassen und absolut im Moment zu sein. Schenke dir selbst ein Lächeln.
2. Wähle einen Ort, wo du ausreichend Platz und Ruhe findest. Nutze eine Musik deiner Wahl oder den aktuellen Lieblingssong deines Kindes. Höre auch gern mal ins STARKE ELTERN-RADIO (bei Spotify) rein.
3. Tanze so, wie es dir gefällt, und lass dich mal wieder so richtig gehen. Hab Spaß und genieße es, dich so frei zu bewegen.
4. Setze dein schönstes Lächeln auf und erinnere dich daran, wie schön dein Leben ist und wie dankbar du für deine Gesundheit, deine Familie, deine Freiheit, für deine Sicherheit uvm. sein kannst.
Diese Übung macht auch richtig viel Spaß mit deinen Kindern. Enjoy!

Übung macht den Meister

Für optimale Erfolge und Resultate in der Meditation ist regelmäßige Praxis das wichtigste Element. Du darfst dir ruhig Zeit geben und kontinuierlich üben, tiefer und tiefer in die Entspannung und in die Gedankenfreiheit zu gelangen. In der Praxis hat es sich bewährt, mit sehr wenigen Minuten, dafür täglich zu starten. Probiere dich gern in den verschiedenen vorgeschlagenen Techniken aus und finde deine Lieblingsvariante.

Challenge 20 // Tag 20: Starke Dankbarkeit

In die Meditation eben habe ich bereits die Danksagungen integriert, gehen wir nun noch einmal genauer darauf ein. Unseren Kindern bringen wir nimmer müde bei, „Bedankst du dich bitte“, aber als Erwachsene reduzieren wir unsere Dankbarkeit im alltäglichen Sprachgebrauch gegenüber unseren Kindern und Ehepartnern, aber vor allem gegenüber uns selbst doch sehr. Manche fragen sich jetzt vielleicht, wofür sie dankbar, wofür sie sich bei sich selbst bedanken sollen. Dazu möchte ich Folgendes erzählen: Gerade während ich diese Zeilen schreibe, ist der Geburtstag meines geliebten Opas, der vor einem Jahr von uns gegangen ist. Zudem habe ich kürzlich erfahren, dass ein Bekannter von mir (ähnliches Alter, ebenfalls Trainer, super-fit und mit einem gesunden Lebensstil) überraschend ums Leben gekommen ist. Auf der einen Seite bin ich deshalb sehr traurig – auf der anderen Seite aber schießt mir sofort durch den Kopf, wie gut es mir geht und wie dankbar ich für alles sein darf, was ich habe. Ich denke, du kennst solche Momente auch, in denen die eigene Wertschätzung für das Schöne und Gute sehr transparent wird. Unter uns beiden, Hand auf Herz, welche tatsächlichen Probleme haben wir? Menschen im Krieg oder schwerkranke Menschen haben meiner Meinung nach Gründe, sich zu „beschweren“, und oftmals allen Grund, negativ zu denken. Aber wir, NO WAY. Wir sollten darum tagtäglich und nicht nur in solch besonderen Momenten dankbar sein.

Positive Effekte, dankbar zu sein

Danksagungen helfen uns, diese Schätze in unserem Leben tatsächlich wahrzunehmen, häufiger positiv zu denken, den Fokus auf das Wesentliche im Leben zu richten, sie verleihen uns mehr Leichtigkeit, schenken uns Gelassenheit, steigern unsere Laune, verbessern unseren Schlaf, und in den meisten Fällen färbt diese Zufriedenheit auf unsere Kinder ab.

Dankbarkeit für STARKE ELTERN

Das Schönste daran, dankbar zu sein, ist, dass du selbst bestimmen kannst, wofür du dankbar sein möchtest. Auch hier ist das regelmäßige Praktizieren wichtig. Du kannst deine Dankbarkeit auf viele verschiedene Arten ausdrücken: laut vor dem Spiegel, gemeinsam mit deinem Kind auf dem Weg in die Schule/Kita, im Stau oder du schreibst es abends vor dem Einschlafen in dein Dankbarkeitstagebuch. Hauptsache, daraus wird eine Routine.

Wann immer ich Sirenen hören oder sehe, spreche ich beispielsweise Danksagungen bezogen auf meine Gesundheit aus. Und beim Einschlafen sage ich mir sehr häufig auf, wofür ich an diesem Tag besonders dankbar bin.

Inspirationen für mehr Dankbarkeit

Hier mal eine kleine Auswahl meiner Danksagungen zur Inspiration. Du kannst dir natürlich deine eigenen Danksagungen ausdenken und vorsagen. Setz dein schönstes Lächeln dabei auf und sei dankbar für dieses wunderbare Geschenk namens Leben.

Ich bin dankbar für meine Gesundheit.
Ich bin dankbar für die Gesundheit meiner Liebsten.
Ich bin dankbar für meinen Sohn.
Ich bin dankbar für meine Traumfrau.
Ich bin dankbar für meine Eltern.

Challenge 21 // Tag 21: Starke Affirmationen

Affirmationen sprechen wir aus, weil wir Wünsche und Träume haben, die wir gern noch erleben möchten. Gegenüber den Danksagungen springen wir jetzt also in die Zukunft, und du malst dir dein Leben deiner Träume aus. Affirmationen sind positive und lebensbejahende Sätze, die wir uns immer wieder vorsagen, um unsere Gedanken positiv zu lenken und auch nur Gutes von außen anzuziehen.

Insbesondere im Sport werden Affirmationen tagtäglich praktiziert, um die mentale Stärke der (Hochleistungs-)Sportler und Sportlerinnen zu optimieren und mit einer gewissen Leichtigkeit in den Wettkampf zu gehen. Einige Athleten und Athletinnen können dabei so tief in diese Technik eintauchen, dass sie in einem vollen Stadion im Mittelkreis ihre

Affirmationsübung praktizieren und alles um sich herum komplett ausblenden. Je häufiger sie solche Momente im Geiste durchspielen, desto leichter fällt es ihnen mit Erwartungsdruck, Zweifel oder Nervosität umzugehen.

Lass uns eine Scheibe vom Spitzensport abschneiden und in jeden Tag gehen, als wollten wir eine Meisterschaft gewinnen. Für uns Eltern ist die Wettkampfdisziplin eben der Familienalltag.

Affirmationen für STARKE ELTERN

Du bist es dir wert und hast es verdient, dein Leben in vollständiger Fülle, mit mega-viel Lebensfreude und einem Höchstmaß an Wohlgefühl zu genießen.

Sorge für eine ruhige Atmosphäre, beruhige für einen Moment deine Atem- und Herzfrequenz (z. B. mit einer der Atemtechniken, die du bereits gelernt hast) und schenke dir selbst ein Lächeln. Stell dir vor deinem inneren Auge vor, wie schön es sein wird, wenn deine Wünsche und Träume in Erfüllungen gehen. Male dir diese Situationen bis ins kleinste Detail schön aus und genauso, wie du es gern hättest. Bade in diesen Momenten mit allen Sinnen.

Häufig werden zur Einleitung (gesprochen oder nur gedacht) die Worte „Ich freue mich auf ...“, „Ich bin total begeistert, weil ...“ oder ähnliche verwendet. Als würdest du völlig begeistert von deinen Kindern, dem letzten Urlaub oder der Meisterschaft des SC Blau-Weiß Alpendorf (#spass) berichten.

Starte mit zwei positiven Affirmationen pro Tag. Übe es mit deinen Kindern auf dem Weg in die Schule oder in die Kita (wir sagen jeden Tag den Spruch, „Ich bin dankbar, ich bin stark und freue mich auf den Tag“) oder praktiziere es mit deinem oder deiner Liebsten. In deinem Tempo kannst du pro Tag oder Woche weitere positive Wünsche hinzufügen.

Affirmations-Inspirationen

Heute bin ich voller Energie und Freude.
Heute ist ein wundervoller Tag.
Ich gönne mir heute Zeit für MICH und MEINE Entspannung.
Ich entscheide mich heute für Leichtigkeit in meinem Alltag.
Mein Körper ist gesund und mein Geist gelassen.
Ich bin zufrieden mit mir selbst.
Ich vergebe mir und lasse Vergangenes hinter mir.
Ich bin eine starke Mama/ein starker Papa.
Ich werde meine Kinder immer unterstützen.
Meine tagtäglichen Entscheidungen lassen mich zum wahren Helden meiner Kinder werden.
Ich setze heute bereits die Schritte, um mit meinen Enkelkindern auf deren Hochzeit ausgelassen die ganze Nacht zu tanzen.
Ich liebe meine/n Frau/Mann und mein Kind über alles und zeige es ihnen, sooft es geht.
Ich bin liebevoll und ehrlich zu meiner Traumfrau und respektiere sie.
Ich begegne meinen Mitmenschen mit einem großen Herz.

Museumstage

John Strelecky spricht in seinem Buch „The Big Five for Life“ von „Museumstagen“. Stell dir vor, dein Leben würde später mal in einem Museum ausgestellt werden. Jeden Tag hast du eine neue Chance, einen schönen Moment in deine Ausstellung dazuzuhängen. Ich mag den Gedanken. ☺ Wie viele Museumsräume willst du füllen und Momente darin ausstellen?

Dein Plan für mehr Entspannung

In dieser Übersicht kannst du für die nächsten Wochen gern deine gewünschten Entspannungstechniken planen. Hake am besten ab, was du erfolgreich absolviert hast.

Wochentag	Entspannungstechniken						Done
Montag							
Dienstag							
Mittwoch							
Donnerstag							
Freitag							
Samstag							
Sonntag							

Life Hacks für Starke Eltern im entspannten Alltag

- **Probiere alles aus:** Probiere möglichst viele der hier dargestellten Methoden zum Relaxen aus, damit du die für dich passenden Praktiken für deinen Alltag herausfindest.

- **Entspannung planen:** Plane deine Schlafenszeiten und wann du dich aktiv und bewusst entspannst, übe regelmäßig dein positives Mindset und sei deinen Kindern in herausfordernden Situationen ein positives Beispiel. Schaue stets nach Lösungen statt nach Herausforderungen.

- **Tägliche Praxis:** Praktiziere am besten täglich deine Entspannungstechniken, deine neuen Schlafrituale, Danksagungen, Affirmationen und Regenerationsmaßnahmen, damit daraus feste Gewohnheiten werden.

- **Nachhaltigkeit:** Lass dir in der Umsetzung Zeit und fokussiere dich darauf, eine Erfolgsroutine und Automatismen für die kommenden Jahre anzulegen.

- **Planung & Fortschritt:** Notiere in deinen Kalender, wann du deine Fortschritte abgleichen und eventuelle Anpassungen vornehmen möchtest.

Ich bin sehr stolz auf dich und deine Performance der letzten drei Wochen!

Zwischenfazit

Du trainierst regelmäßig, bist dabei, erfolgreich deine Ernährung umzustellen, und in den vergangenen sieben Tagen hast du neue Methoden der Entspannung und Regeneration praktiziert. Ich bin mir sicher, du fühlst bereits die Vorteile, hast die Macht deiner eigenen Fähigkeit erkannt, dein Leben zu einem Besseren zu wandeln, und bist fest entschlossen, dranzubleiben. In der kommenden Woche zeige ich dir, wie du langfristig strukturiert die drei Bereiche Bewegung, Ernährung und Entspannung in dein Leben integrierst. Wir werden im letzten Part ein auf deine Ziele zugeschnittenes System kreieren, damit du deine Resultate auch in den kommenden Jahren erhalten kannst.

Schenke dir selbst ein Lächeln und tiefe Dankbarkeit, dass du in den vergangenen Tagen so viel Entspannung, Leichtigkeit und Gelassenheit in deinem Leben platziert hast und diese auch in Zukunft bewahren wirst.

//

ERFOLGS ROUTINEN

//

Wir kommen ins Tun

Ich verstehe es als meine Mission, dich und alle Mamas und Papas da draußen für einen gesunden Lebensstil zu begeistern, damit wir zu den wahren Helden und Heldinnen unsere Kinder werden. Lass uns gemeinsam stark werden, stark bleiben und eine starke nächste Generation positiv beeinflussen.

Ich habe lange überlegt, was der größte Treiber und gleichzeitig Ankerpunkt für dich sein kann, um ins Handeln zu kommen und wirklich dabeizubleiben. Die Autorin Mary Jane Chambers sagte einmal sinngemäß, dass unsere Kinder nicht nur die Gene von uns in sich tragen, sondern auch das, was wir ihnen vorleben. Diese Aussage finde ich einfach wundervoll passend, und sie soll dir eine Flanke zur Motivation bieten, bei allem, was im Alltag auf dich und deine Familie einprasselt.

Willkommen also bei der Umsetzung, willkommen in Woche 4 und bei den letzten 7 Challenges dieses Buches! In dieser Woche dreht sich alles um die Themen Dranbleiben, Kontinuität, Nachhaltigkeit beziehungsweise Gewohnheiten. Ich spreche dabei sehr gern von **Erfolgsroutinen.**

Wir beginnen mit einer Standortbestimmung, gefolgt von der Definition motivierender Ziele und der Suche nach Möglichkeiten, die du bei der Umsetzung im Familienalltag, aber auch in Ausnahmesituationen (Stressphasen, Urlaub, Familienfeiern und Co.) hast. Zusätzlich findest du in diesem Kapitel die besten Tipps und Tricks meiner erfolgreichsten STARKE ELTERN-Teilnehmer/innen. Auf meiner Website kannst du dir unter folgendem Link beispielhafte vorgefertigte Trainingspläne für die kommenden Wochen, Monate und Jahre, eine Struktur für eine nachhaltige Ernährungsumstellung und Ideen, wie du langfristig ein funktionierendes Entspannungssystem für mehr Leichtigkeit in deinem und eurem Familienleben integrieren kannst, herunterladen und ausdrucken, ausfüllen und an den Kühlschrank pinnen: *starkeeltern.com/buch*

Außerdem gebe ich dir den Tipp, dir deine Gedanken und Ziele, Motivationen und auch Fragen in dein Notizbuch zu schreiben. In diesem Kapitel wird es auch ein paar kleine „Aufgaben" geben, deren Antworten und Lösungen du wunderbar in das Büchlein schreiben kannst. So hast du immer alles auf einen Blick und beisammen.

Nimm dieses Buch in Zukunft immer zur Hand, wenn du Anregungen für dein Training benötigst, neue Rezepte ausprobieren oder anderen Entspannungsmethoden eine Chance geben möchtest oder auch, wenn du überprüfen möchtest, ob du deine Ziele erreicht hast. Das STARKE ELTERN-Buch ist ab jetzt in deinem Gepäck, du hast es mit in deinen Zug des Lebens genommen. #starkerlebensbegleiter

Die Challenges

Challenge 22 // Tag 22: Starke Analyse

Am 22. Tag deiner 28-Tage-Challenge STARKE ELTERN ist eine **kurze Reflexion** deiner bereits gegangenen ersten Schritte und eine Standortbestimmung vorgesehen. Darauf aufbauend wollen wir deine Erfolgsroutinen für die Zukunft festlegen und eine Struktur erschaffen, wie du diese auch tatsächlich in deinem Alltag umsetzen kannst. Dafür ist essenziell, dass wir voran einige Fragen klären.

Noch nicht alles ausprobiert?

Hast du die sieben verschiedenen Trainingsformen (1-Minute-Einheit, starke Fettverbrennung, starker Rücken, Bauch, Beckenboden, starke

Beweglichkeit und starkes Herz) mindestens einmal ausprobiert? Wenn ja, welche hat dir am besten gefallen und welche hat die größte Wirkung gezeigt?

Hast du alle Rezepte zubereitet und herausgefunden, welche dir am besten schmecken und dir gleichzeitig besonders guttun? Startest du wie ich jeden Morgen mit meinem Must-do-Drink aus Limette, Salz und warmem Wasser?

Und wie bist du mit den Entspannungstechniken klargekommen? Hast du Lieblingsmethoden für dich herausgefunden und fühlst dich dank dieser entspannter und gelassener in deinem Alltag?

Falls nicht, probiere das aus, was noch offen ist, denn nur so kannst du herausfinden, welche Bewegungseinheiten, Rezepte, Entspannungsmethoden den größten Effekt für dich und dein gesundes Leben haben.

Überlege dir heute, welche Trainings du wann in den kommenden Wochen absolvieren, notiere dir die Rezepte, die du ab jetzt regelmäßig zubereiten möchtest und baue dir als Sahnehäubchen wirkungsvolle Entspannungsphasen ein.

Alles probiert, alles geplant? Dann durchatmen und stolz sein. Und wenn du noch Power und Lust hast oder dir mehr Inspiration wünschst, findest du noch mehr Trainings, Rezepte und Entspannungsmethoden auf meiner Website: *starkeeltern.com/buch*

Standortbestimmung

Für eine nachhaltige Veränderung machen wir uns nun daran, deine aktuelle Situation zu analysieren, damit du erkennen kannst, wo deine Herausforderungen liegen. Notiere bitte in der folgenden Tabelle im Feld „Datum“ den heutigen Tag. Danach kreuzt du an, wie du deine Gesundheit, dein Wohlgefühl, deine Leichtigkeit, dein

Fitnesslevel, deinen Schlaf und dein Stresslevel einschätzt. Sei ehrlich mit dir selbst, es ist deine Analyse. Zusätzlich nehmen wir noch dazu: dein Körpergewicht, deinen Körperfettanteil (falls deine Waage den bemessen kann), deinen Bauch- und Hüftumfang.

Deine Standortbestimmung

Datum: ____________

Gesundheit

○ sehr schlecht ○ schlecht ○ okay ○ gut ○ sehr gut

Wohlgefühl

○ sehr schlecht ○ schlecht ○ okay ○ gut ○ sehr gut

Leichtigkeit

○ sehr schlecht ○ schlecht ○ okay ○ gut ○ sehr gut

Fitnesslevel

○ sehr schlecht ○ schlecht ○ okay ○ gut ○ sehr gut

Schlaf

○ sehr schlecht ○ schlecht ○ okay ○ gut ○ sehr gut

Stresslevel

○ sehr schlecht ○ schlecht ○ okay ○ gut ○ sehr gut

Gewicht: __________ optional Körperfettanteil: ____________

Bauchumfang (auf Höhe des Bauchnabels messen): __________

Hüftumfang (breiteste Stelle des Hinterns messen): __________

Blick in die Zukunft

Jeder Fortschritt braucht **Tracking und Transparenz.** Stelle dir darum heute in deinem Kalender bitte eine Erinnerung in einem, drei und sechs Monaten ein, um die Analyse erneut durchzuführen. Damit möchte ich dir deine Fortschritte aufzeigen, deine Motivation stets hochhalten und ein paar Fakten schaffen. Du kannst dir die Tabelle, wenn diese hier voll ist, natürlich auch in dein Notizbuch abschreiben oder aber sie über den vorher genannten Link herunterladen und ausdrucken.

Überprüfe; welche ein bis zwei Punkte aus der Tabelle „Standortbestimmung" für dich momentan die **höchste Priorität** haben und auf welche Stufe du dich steigern beziehungsweise in welchen Bereichen du etwas reduzieren möchtest.

Was passiert, wenn du keine Fortschritte in den kommenden Monaten erzielen solltest? Dann hast du dir selbst das wichtige Feedback gegeben, dass deine Veränderungen noch nicht die richtigen waren, du dich eventuell noch zu viel in alten Mustern bewegst oder einfach geduldiger sein darfst. In einem solchen Fall, der ja durchaus demotivierend und enttäuschend sein kann, möchte ich dich an das *Kaizen-Prinzip* vom Anfang des Buches erinnern: Auf welche Weise schaffst du es, in den kommenden Wochen deine Bewegung, deine Ernährung und deine Entspannung um nur ein Prozent zu steigern? Wenn du dich pro Monat um jeweils ein Prozent steigerst, hast du in drei Monaten eine zwölfprozentige Steigerung deiner Resultate erreicht. Klingt ganz gut, oder? Dann los, wende jetzt das *Kaizen-Prinzip* für dich an!

Challenge 23 // Tag 23: Starke Ziele

Nun hast du deine Standortbestimmung gemacht, sicherlich wichtige Erkenntnisse gewonnen und vielleicht auch den ein oder anderen Aha-Moment erlebt. Es geht mir in diesem Kapitel übrigens nicht darum, eventuelle Schwächen aufzuzeigen und dich zu demotivieren. Ganz im Gegenteil: Das Erkennen und Aufschreiben deiner Ausgangssituation soll dich wachrütteln, dir Antrieb verleihen (jetzt erst recht) und dich vor allem in ein paar Wochen oder Monaten weiter motivieren, wenn du siehst, welche Fortschritte du schon gemacht hast. Zusätzlich hast du die Bereiche definiert, in denen du dich verbessern möchtest. Wir können also sagen, du hast deine Ziele definiert. In den vergangenen 16 Jahren als Coach habe ich festgestellt, dass Ziele vor allem eins brauchen, damit wir sie wirklich tagtäglich verfolgen und Entscheidungen treffen, die ihnen dienlich sind: Emotionen.

Emotionale Ziele

Das Fitnesslevel oder den Schlaf von einer 3 (okay) auf eine 4 (gut) anzuheben ist, vermute ich, kein so starker Motor, um alte Muster konsequent zu unterbrechen und zu verändern. Wie sieht es dagegen beim Wiederauffrischen der Partnerschaft, dem gesunden Altwerden für die eigenen Enkelkinder oder beim Wiedererlangen des Wohlgefühls aus deinen 20ern aus? Wenn du ein Gefühl, eine bekannte Situation oder sehr wichtige Menschen aus deinem Leben in deine Zielplanung einbeziehst, sind aus der Erfahrung vieler meiner Coachings deine Erfolgschancen deutlich höher.

Für die Familie gesund älter werden

Mein großes Ziel ist es, für meine Kinder, Enkelkinder und meine Traumfrau bis zu meinem letzten Atemzug psychisch und physisch gesund zu sein. Und dieser Atemzug darf gern noch laaaaange, lange hin sein. Ich möchte vom Leben meiner Kinder so viel wie nur irgend möglich mitbekommen, mit ihnen auch im hohen Alter noch Abenteuer erleben, agil bleiben, sie unterstützen und nicht ab einem bestimmten Zeitpunkt permanent auf ihre Hilfe angewiesen sein. Mir ist es einfach super-wichtig, mein Leben so lange und so gesund und fit wie möglich mit meinen Herzensmenschen zu teilen. Selbst beim Schreiben dieser Zeilen merke ich, wie mich diese Ziele berühren und wie bereit ich bin, dafür alles zu geben. Ich bin bereit, für meine Familie alles zu tun, und nutze diesen starken Antrieb als große Motivation. Dafür durchbreche ich gern alte Muster, stehe um 5 Uhr morgens auf, nehme eine kalte Dusche, absolviere meine Sport- und Entspannungsübungen, obwohl ich vielleicht mal keine Lust habe, baue Stunden und Tage mit an unserem Haus, gebe in meiner Selbstständigkeit niemals auf und arbeite jeden Tag aufs Neue an mir. Genauso wie du es jetzt mit dieser 28-Tage-Challenge machst. Im ersten Schritt machen wir das immer für unser eigenes Wohlgefühl, das aber positiv unser Umfeld beeinflussen wird.

„Isst du niemals Süßigkeiten?", „Trinkst du keinen Alkohol?", „Gehst du nie zu spät ins Bett?" und „Lässt du keine Trainingseinheit ausfallen?", höre ich schon eure Fragen. Natürlich mache ich das, in Maßen, bewusst und wenn ich weiterhin auf der Erfolgsspur bleibe.

Die Planung deiner Ziele

Kommen wir jetzt zu deiner Zielplanung. Nimm dir bitte drei Minuten Zeit und beantworte die folgenden Fragen, bevor du dein persönliches Ziel definierst.

Wenn du dich zurückerinnerst, was war ein Moment, in dem du dich in deiner Haut so richtig wohl gefühlt hast (deine Hochzeit, ein Urlaub ...)?

- Woran kannst du dich noch genau erinnern? Beschreibe es.
- Warum hast du dich so gut gefühlt?
- Gibt es eventuell ein Kleidungsstück, an das du dich aus dieser Zeit erinnern kannst?
- Welche Mama/welcher Papa möchtest du mit 60 Jahren sein?
- Beschreibe bitte, wie deine Kinder und Enkelkinder über dein 60-jähriges Ich denken sollen.
- Wie sieht ....
(deinen Namen einfügen)
mit richtig viel Wohlgefühl,
Leichtigkeit und Gelassenheit aus?

Die Antworten können dir hoffentlich dabei helfen, dir darüber klar zu werden, was dich glücklich macht und was dir wirklich wichtig ist und was also im Leben und in der Zukunft deine Ziele sein können.

Nun legen wir noch fest, was deine Ziele unbedingt benötigen. Dazu nutzen wir die vielleicht schon bekannte SMART-Methode: Deine Ziele sollten **spezifisch, messbar, attraktiv, realistisch**

und terminiert sein. Denn dadurch kannst du sie besonders konkret und detailliert visualisieren und Step-by-Step in die Tat umsetzen. Hier ein paar Beispiele meiner Ziele:

Ich möchte:

- in zwei Jahren mit meinem dann 5-jährigen Sohn auf Skiern die Pisten hinuntersausen
- 10 Kilometer in 45 Minuten laufen
- im Jahr 2035 mit meinem Sohn auf eine hawaiianische Insel reisen
- mit 65 Jahren mit meinen Enkelkindern eine Mehrtageswanderung in den Alpen (mit Gipfeln auf 3000 Höhenmetern) unternehmen und in den Berghütten übernachten
- mit meiner Traumfrau mit 70 Jahren um die Welt reisen
- immer agil, offen für Neues und interessiert sein, neue Sprachen, neue Kulturen, neue Orte und neue Menschen kennenlernen

Schreibe jetzt deine Ziele (in dein Notizbuch) auf!

Dein Leben und deine Gesundheit nachhaltig verbessern

Wie kannst du sicherstellen, dass du diese Ziele auch erreichst? Suche dir ein **Support-Team** zusammen aus Menschen, die dich bei deiner Lebensveränderung begleiten und unterstützen können. Überprüfe regelmäßig deine Fortschritte und stelle dir dazu Erinnerungen in deinem Kalender ein.

Wer gehört zu deinem **Support-Team** und wer könnte noch aufgenommen werden? Schreibe die Namen jetzt (in dein Notizbuch) auf. Sinnvoll ist, wenn du dir dazu notierst, warum diese Menschen so wichtig für dich sind und in welchem Bereich.

Challenge 24 // Tag 24: Starke Umsetzung

Kommen wir nun zum entscheidenden Punkt: der Umsetzung der Ziele, dem Machen, den Handlungen. Damit meine ich nicht die Momente, in denen pünktlich zum Jahreswechsel der Gedanke aufkommt: „Ich will etwas verändern!“, der bereits am 16. Januar wieder ad acta gelegt ist. Nein, wir wollen wirklich unsere Ziele umsetzen.

Mein Coach Tony Robbins nutzt für eine starke Umsetzung vier Schritte:

Schritt 1: Dir klarmachen, was du erreichen möchtest
Schritt 2: Kontinuierliches Handeln im Sinne deines Ziels
Schritt 3: Feststellen, welche Methode für dich funktioniert und welche nicht
Schritt 4: Solange Anpassungen vornehmen, bis du am Ziel angelangt bist

Für dieses Buch und speziell für meine STARKEN ELTERN habe ich diese Herangehensweise auf Basis meiner Coaching-Erfahrungen und -Erfolge folgendermaßen konkretisiert:

Schritt 1

Du darfst dich entscheiden. Mein Sportler Tammo (47, zweifacher Papa) äußerte dazu einen klugen Gedanken: *„Jede Entscheidung, die ich treffe, führt mich entweder einen Schritt näher zu meinem Ziel oder einen Schritt weiter weg.“* Ich mag diesen Denkanstoß sehr! Vielleicht hilft er dir ebenfalls.

Versuche doch mal, dem Credo zu folgen: Entscheide dich für dein Ziel, zum Beispiel beim nächsten Griff zu den Süßigkeiten, beim Gedanken, noch mal schnell Social Media zu checken, bei der nächsten Ausrede, nicht trainieren oder „heute mal" keine Entspannungsübung machen zu können. Was ist dein Ziel und führt dich dein aktuelles Handeln näher heran oder weiter weg?

- **Welche Entscheidung führt dich heute deinem Ziel einen Schritt näher?**

Schritt 2

Wenn du dich für einen Schritt entschieden hast, sollst du ihn auch **in die Tat umsetzen.** Und zwar nachhaltig. Wir dürfen unsere Kontinuität trainieren wie einen Muskel. Jedes Ja für dein **starkes Ich** kräftigt diesen Muskel, und jedes Nein schwächt ihn.

- **Ist dein Entscheidungsmuskel stark genug?**

Schritt 3

Viele der folgenden Fragen hast du bereits beantwortet. Schau bitte noch einmal, ob du für die konkrete Umsetzung wirklich alles für dich klären konntest:

- **Wie planst du, deine Ziele zu erreichen?**

- **Wie sehen deine konkreten nächsten Schritte aus?**

- **Wie überprüfst du Maßnahmen und Fortschritte?**

- **Wer kann dich auf dieser Reise unterstützen?**

- **Wie kannst du deine Kinder und deinen Mann/deine Frau mit einbeziehen?**

- **Wie viel Zeit nimmst du dir für dein Wohlgefühl und deine Leichtigkeit?**

- **Wie kannst du dich am besten tagtäglich mit deinem Beschluss konfrontieren?**

- **Wann planst du deine Aktionen zu reflektieren und Anpassungen vorzunehmen (mittels der Check-ups in den kommenden ein, drei und sechs Monaten)?**

Schritt 4

Ich lege dir sehr ans Herz, dir **jede Woche zehn Minuten für eine Mini-Reflexion** im Kalender einzuplanen. Frage dich, wie deine letzte Woche lief, welche Erfolge du verzeichnen konntest, was du gelernt hast, was du besser machen wirst und was du in der Umsetzung für die kommende Woche planst.

- **Für wann planst du deine Mini-Reflexion in der kommenden Woche?**

Challenge 25 // Tag 25: Starke Trainingsplanung

Die letzten Tage waren sehr intensiv und haben viel Denkleistung von dir erfordert. Heute wird es darum etwas entspannter, und du brauchst dich nur zu entscheiden, wann du welche Trainingsform mit welchem Ziel anwenden möchtest.

Du hast den so wichtigen ersten Schritt gemacht und trainierst dein neues Lebensgefühl regelmäßig seit 24 Tagen. Das ist richtig gut, und damit hast du bereits mehr geschafft als viele Menschen da draußen. Doch wie geht es weiter in drei, sechs oder zwölf Monaten? Wie sieht deine Sportroutine im kommenden Jahr und dem Jahr darauf aus?

Mein Ziel mit diesem Buch ist es, dein Wegbegleiter zu sein. Nicht nur in diesen 28 Tagen, in denen du alles neu von mir erfährst, sondern auch darüber hinaus. Du solltest es immer wieder zur Hand nehmen, wenn du neue Inspiration und/oder konkrete Pläne für deinen Sport suchst (noch mehr Pläne findest du auf meiner Website: *starkeeltern.com/buch*).

Stetiger Fortschritt

Damit du nicht auf einem Niveau stehenbleibst, sondern dich immer weiterentwickelst und steigerst, ist empfehlenswert, dich in jeder Sporteinheit neu zu fordern. Erinnere dich aber: fordern, aber nicht überfordern. Dein Training solltest du **alle sechs bis acht Wochen wechseln** für mehr Abwechslung, neue Reize für deinen Organismus und kontinuierliche Erfolgserlebnisse. Beispiel gefällig? Für die kommenden Wochen planst du, den Fokus auf deinen Rücken und Beckenboden zu legen. Danach könntest du das Trainingsprogramm in Richtung „allgemeine

Kraft" und „Fettverbrennung" (siehe gleich dazu unser Beispiel) mit Bauchtraining umplanen. Ein paar Übungen für den Beckenboden und Rücken kannst du natürlich immer einfügen. Beim Dauerlauf könntest du zum Intervalltraining wechseln, beim Intervalltraining zum Dauerlauf oder die Formen mit Krafttraining kombinieren (was ich immer empfehlen würde). Im Krafttraining selbst variiere die Intensitäten (mehr Wiederholungen bei gleichbleibender Zeit oder längere Haltephasen, intensivere Übungsformen, kürzere Pausen ...), absolviere eine weitere Einheit pro Woche oder tue nach dem Ausdauertraining noch ein bisschen was für deine Beweglichkeit. Vielleicht gibt es auch Phasen, die mehr Entspannung oder einen stärkeren Fokus auf deine Ernährung verlangen (z. B. wegen Krankheit oder viel beruflichem oder privatem Stress).

Wie du siehst, gibt es sehr viele Varianten, dein Training schön abwechslungsreich für die kommenden Jahre zu gestalten und dabei stetigen Fortschritt zu erzielen (getreu dem *Kaizen-Prinzip*). Plane die Einheiten für **drei- bis viermal pro Woche für optimale Resultate** und kombiniere sie mit deiner gesunden Ernährung und deinem Entspannungstraining.

Der Plan für deine Trainingswoche

Du findest im Folgenden einen vorgefertigten beispielhaften Trainingsplan für die starke Fettverbrennung. Weitere Trainingspläne dieser Art findest du auch zu allen anderen Bewegungs-Challenges auf meiner Website: *starkeeltern.com/buch.*

Wähle zuerst aus, worauf du wann den Fokus im Training legen möchtest und plane dann deine Sportroutine für die kommenden Wochen und Monate.

4-WOCHENPLAN „STARKE FETTVERBRENNUNG“

Woche 1

Mit dieser 4-Wochen-Session und dem dazugehörigen Zirkeltraining zeigst du deinen Fettdepots den Bizeps und wirst von den Resultaten begeistert sein. Wichtig dafür sind drei Dinge: Qualität vor Quantität, eine sehr hohe Intensität und eine sehr gute Ernährung (siehe Challenge 8 bis 14).

Wie viele Runden schaffst du in 15 Minuten? Notiere dir am besten jedes Mal, an welcher Stelle du beim Ertönen des Alarms stoppst und fordere dich beim nächsten Mal dazu heraus, etwas mehr zu schaffen. Dieses Zirkeltraining funktioniert auch super in nur fünf oder zehn Minuten.

Woche 2

Die erste Woche hast du mit Bravour geschafft. Nun wollen wir das nächste Level erreichen. Dabei ist besonders wichtig, dass die perfekte Qualität deiner Übungsausführung erhalten bleibt, erst dann kannst du die Quantität (die Wiederholungen) steigern.

Woche 3

Zwei sehr intensive Wochen mit viel Schweiß und bestimmt auch Muskelkater hast du hinter dir. Um noch mehr Kalorien pro Einheit zu verbrennen, werden wir deine Leistung in derselben Zeit noch einmal steigern. Gib alles und bleibe fokussiert.

Woche 4
Wahnsinn, du hast es bis hierher geschafft. Glückwunsch und Hut ab! In Woche vier verdoppeln wir die Wiederholungen der ersten Woche und wollen herausfinden, ob du es schaffen kannst, die Übungen bei gleicher Qualität und Zeit zu absolvieren.

Verlass deine Komfortzone und entdecke die Glückseligkeit auf der anderen Seite. Schenke dir nach jeder Einheit ein fettes Grinsen und tiefste Dankbarkeit für alles, was du erreicht hast, auch falls du mal nicht die ganze Anzahl an Wiederholungen auf Anhieb meisterst.

Übungen	**Wiederholungen**			
	Woche 1	**Woche 2**	**Woche 3**	**Woche 4**
Split Squat	je 15 x	je 20 x	je 25 x	je 30 x
Power Crunch	15 x	20 x	25 x	25 x
Schmetterling	15 x	20 x	25 x	25 x
Hampelmann	15 x	25 x	30 x	35 x

Die Übungsanleitungen findest du in Kapitel „Bewegung“ ab Seite 8.

Ich liebe diese kurzen Einheiten, da sie die Muskulatur sehr stark fordern und somit optimal kräftigen, viele Kalorien verbrennen, unser Herz und unsere Gesundheit stärken. Insbesondere bei Reisen, wo vielleicht mal nicht so viel Platz und Zeit für gewohnte Trainings ist, bieten sich diese Einheiten als Alternative (oder zusätzlich) zum Gym, Joggen oder Familienwanderausflug sehr gut an.

Challenge 26 // Tag 26: Starke Ernährungsplanung

Meine klare Empfehlung ist, dass du der festen Struktur dieses Ratgebers in Bezug auf die Umstellung deiner Ernährung für den Anfang folgst (siehe Kapitel „Ernährung“ ab Seite 68). Wenn sich deine neue, gesunde Ernährungsweise verfestigt hat und du deine Ziele erreicht hast, kannst du etwas mehr Flexibilität walten und dich von weiteren gesunden Rezepten inspirieren lassen. Ich rate dir aber, deinen erfolgreichsten Elementen immer treu zu bleiben.

Neben Ernährungsplänen findest du unter meinem Link auch eine Einkaufsliste mit sehr vielen Lebensmitteln, die ich empfehlen kann. Beides dient deiner Orientierung und Inspiration: *starteeltern.com/buch.*

Passe Pläne und Einkaufsliste für dich (und deine Familie) an, wie es am besten zu dir (euch) und deinem (eurem) Alltag und Bedürfnissen passt. Hauptziel ist, eine für dich funktionierende Ernährungsstrategie zu finden und zu etablieren, die du in den kommenden Wochen, Monaten, ja, Jahren fortsetzen wirst.

DEIN GRUNDGERÜST FÜR DIE ERNÄHRUNGSUMSTELLUNG

Als Erstes gebe ich dir hier im Buch einen Ernährungsplan für sieben Tage und auf meiner Website eine dazu passende Einkaufsliste (die Mengen definierst du bitte selbst) mit auf den Weg. Die dazu passenden Rezepte findest du in diesem Buch. Wie gesagt, du kannst, aber musst diesen Plan nicht verwenden. Du kannst ihn auch um deine Lieblingsgerichte erweitern, sofern sie gesund sind, oder es sogar ohne einen festen Mahlzeitenplan probieren. Aus Erfahrung kann ich nur sagen, dass es zeitsparender und erfolgversprechender ist, wenn du gerade in den ersten Monaten der Ernährungsumstellung einer festen Struktur folgst.

Der Plan für deine Ernährungsumstellung

Montag
Erste Nahrungsaufnahme: Limette-Himalayasalz-Drink (Seite 79)
Frühstück: Gemüsesticks mit Joghurtdip (Website: *starkeeltern.com/buch*)
Mittagessen: Salat mit Hähnchenbrust (Seite 86)
Abendessen: Blumenkohl-Pizza (größere Menge für Dienstag) (Seite 94)
Snack: Proteinshake

Dienstag
Erste Nahrungsaufnahme: Limette-Himalayasalz-Drink
Frühstück: Nuss-Müsli (Website)
Mittagessen: Blumenkohl-Pizza (Reste von Montag)
Abendessen: Zoodles mit Garnelen (Seite 93)
Snack: Gemüsesticks mit Dip

Mittwoch
Erste Nahrungsaufnahme: Limette-Himalayasalz-Drink
Frühstück: Gemüsesticks mit Dip

Mittagessen: Salat mit Hähnchenbrust
Abendessen: Gemüsecurry (größere Menge für Donnerstag) (Seite 92)
Snack: Harzerkäse/Quäse

Donnerstag
Erste Nahrungsaufnahme: Limette-Himalayasalz-Drink
Frühstück: Nuss-Müsli
Mittagessen: Gemüsecurry (Reste von Mittwoch)
Abendessen: Blumenkohl-Erbsensuppe (größere Menge für Freitag) (Seite 89)
Snack: Gemüsesticks mit Dip

Freitag
Erste Nahrungsaufnahme: Limette-Himalayasalz-Drink
Frühstück: Gemüsesticks mit Dip
Mittagessen: Blumenkohl-Erbsensuppe (Reste von Donnerstag)
Abendessen: Kabeljau mit Spinat und Pastinakenbrei (Website)
Snack: Proteinshake

Samstag
Erste Nahrungsaufnahme: Limette-Himalayasalz-Drink
Frühstück: Gemüse-Omelette (Seite 82)
Mittagessen: Zucchini-Feta-Pfanne (Website)
Abendessen: freie Wahl
Snack: Green Smoothie

Sonntag
Erste Nahrungsaufnahme: Limette-Himalayasalz-Drink
Frühstück: freie Wahl
Mittagessen: Spinatröllchen (Seite 88)
Abendessen: Lachs-Gemüse (Website)

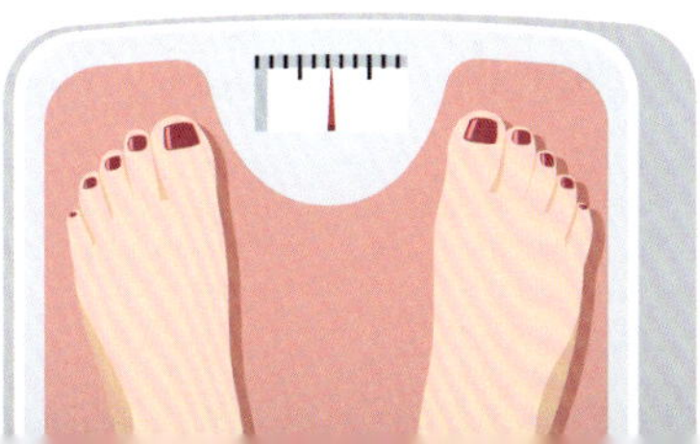

Snack: Bananen-Pancakes (Seite 102)

Täglich 3 Liter Wasser trinken!

Die Liste kannst du dir auch unter meinem Link noch mal herunterladen, ausdrucken und an den Kühlschrank pinnen.

KINDERMENÜ

Weil ich häufig höre, dass es schwierig ist, die Ernährung umzustellen, wenn es Kinder im Haus gibt, habe ich ein Extra-Kindermenü erstellt. Es zeigt dir, wie ihr als Familie oft (fast) das Gleiche essen könnt, wo es aber auch leckere und gesunde Alternativen für die Kleinen gibt.

Frühstück

- **Für dich:** Beeren und Mandeljoghurt; **für das Kind:** dasselbe mit selbst gemachtem Müsli aus Kokosraspeln und gehackten Mandeln und Haselnüssen sowie gerösteten Sonnenblumenkernen, optional mit noch ein paar Heidelbeeren oder einer halben gequetschten Banane
- **Für dich:** Omelette mit Wildlachs; **für das Kind:** selbst gemachtes (und proteinreiches) Brot mit Ziegenfrischkäse

Mittag/Abendessen

- **Für dich:** Für dich: Ei-Variation mit Gemüse; **für das Kind:** dasselbe mit selbst gebackenem Brot
- **Für dich:** Eintopf aus Suppengrün, Kohlrabi, extra Porree, extra Möhren, Bohnen und einem ganzen Bio-Hähnchen; **für das Kind:** optional Kartoffeln, Nudeln aus Linsen oder Erbsen oder Reis
- **Für dich:** Zucchininudeln mit Tomatensoße, Bio-Rinderhack oder Garnelen, Knoblauch und Basilikum; **für das Kind:** optional Nudeln aus Linsen oder Erbsen oder Reis
- **Für dich:** Gemüse-Curry aus Kokosmilch (light), Roter Bete,

Möhren, Kohlrabi, Brokkoli und Pastinaken mit Konjaknudeln; **für das Kind:** dasselbe Gemüse mit Kartoffeln, Süßkartoffeln oder Reis

- **Für dich:** Spinat mit Kabeljau; **für das Kind:** zusätzlich Kartoffeln oder Reis
- **Für dich:** Hühnerfrikassee; **für das Kind:** zusätzlich mit Reis

Nachtisch

- Pancakes aus Banane und Ei
- Beeren mit Quark oder Joghurt
- Bratapfel
- Proteinpancakes
- Und auch hier: Gemüse, Gemüse, Gemüse und Obst als Fingerfood für daheim und unterwegs

Bonustipp

Bereite Gemüsesticks vor und stelle diese deinem Kind hin, wenn es spielt, oder nimm sie mit, wenn ihr unterwegs seid, und biete sie ihm als Zwischenmahlzeit an. Ich habe festgestellt, dass, je häufiger ich meinem Sohn die Sticks angeboten habe, desto regelmäßiger hat er sie gegessen.

Mehr Flexibilität

Für alle, die sich etwas mehr Flexibilität in ihrer Ernährung wünschen und ihre Gerichte selbst kreieren wollen, habe ich eine Einkaufsliste mit Lebensmitteln zusammengestellt, die ich sehr gern empfehle. Sehr ans Herz legen möchte ich, die Lebensmittel möglichst immer frisch und regional einzukaufen. Du kannst die Liste hier herunterladen und ausdrucken: *starkeeltern.com/buch*

Die meisten meiner Sportler/innen, die sich nach diesem flexiblen Prinzip ernähren, erstellen sich nach einiger Zeit eine Liste der Speisen, die ihnen besonders gut glücken und bekommen, und planen in Zukunft damit ihre Wochen. Das erspart viel Zeit für Überlegungen.

Challenge 27 // Tag 27: Starke Entspannungsplanung

Das Wichtigste gleich vorweg: Auch deine Entspannung, deine Me-Time und deine Regeneration darfst du planen! Genau darum geht es in dieser Challenge. Du praktizierst bereits ein paar Methoden und solltest deine Favoriten definiert haben beziehungsweise zumindest eine Tendenz haben, welche Methoden für dich die größte Hebelwirkung haben (blättere auch gern zurück auf Seite 116 und folgende, um noch einmal nachzuschauen).

Schreibe deine Favoriten in der folgenden Tabelle untereinander auf. Notiere dir dazu die Anzahl an Minuten, die du für jede Methode benötigst, und addiere sie am Ende. Jetzt weißt du, wie viel Zeit pro Woche du für deine aktive und bewusste Entspannung einplanen darfst.

Deine liebsten Entspannungsmethoden

Favorisierte Entspannungsmethode	Benötigte Zeit

Besonders in stressigen Zeiten oder bei Krankheit ist es besonders wichtig, dass du diese Praktiken für dich als feste Routine absolvierst. Sie verleiten die mehr Leistungsfähigkeit, den dringend benötigten Ausgleich und sorgen für eine schnellere Genesung.

Integriere deine gewählten Entspannungstechniken auch gern direkt in deinen Alltag: Affirmationen beim Zähneputzen für den optimalen Start in den Tag, zwei Minuten Meditation zwischen den Meetings auf der Arbeit, tiefes bewusstes Atmen vor wichtigen Gesprächen oder zum kurzen Entschleunigen, bevor der Nachmittag mit den Kids beginnt, Dehnübungen oder Atemtechniken zum Herunterfahren vor dem Einschlafen, Naturbad am Wochenende mit der ganzen Familie. Den Mamas unter euch kann ich sehr empfehlen, zum Beginn des Zyklus eure Entspannung hoch und die generelle Belastung herunterzufahren. Am besten setzt du dir eine Erinnerung zu Beginn der nächsten Menstruation, die sich alle 28 Tage wiederholt.

Probiere dich bei allem, was ich gerade erwähnt habe, sehr gern aus und finde eine für dich optimale Variante zur regelmäßigen Praxis.

Atme tief durch und schenke dir selbst ein Lächeln.

Challenge 28 // Tag 28: Starke Nachhaltigkeitspläne

Willkommen zum Finale! **Der letzte Tag der 28-Tage-Challenge ist erreicht,** und ich bin sehr stolz auf dich und alles, was du bisher erreicht hast. Glückwunsch, du starke Mama oder du starker Papa!

Mir liegt es am Herzen, dass du jetzt weiterhin dranbleibst und auch **ZUKÜNFTIG LEBENSFROH, GESUND UND ZUFRIEDEN** durch dein Leben schreitest. Ich möchte dich als Unterstützer/in gewinnen, um die kommende Generation für einen aktiven Lebensstil zu begeistern und damit unseren Beitrag zu einer schönen Welt zu leisten. Es sollte ganz normal für uns alle sein, unser eigenes Wohlgefühl und unsere Gesundheit in den Vordergrund zu stellen. Jede/r Einzelne von uns wirkt damit grundweg positiv auf sein und ihr Umfeld ein.

Das Feedback der Routine ist auch das meiner erfolgreichsten Sportler und Sportlerinnen. Ihre optimale Ernährung, die sehr regelmäßige Bewegung, die bewusste Entspannung und die Adaptation ihrer Erfolgsstrukturen auf die aktuelle Lebenssituation sind ein fester Bestandteil ihres Lebens geworden. Es ist für sie zu etwas wie dem regelmäßigen Zähneputzen geworden. Mein Sportler Stefan (43 Jahre und Papa von zwei Jungs) fasste kürzlich zusammen:

„Es funktioniert. Es motiviert. Es hilft mir beim Dranbleiben. Das Programm hat endlich das geschafft, was ich mir seit zehn Jahren vorgenommen und nie geschafft habe."

Und genau dahin möchte ich auch dich gern begleiten. Du hast nun alle Werkzeuge in der Hand oder zumindest griffbereit, jetzt darfst du sie nutzen.

Mit diesen drei Nordsternen schaffst du es:
1. KONTINUITÄT
2. ENTSCHLOSSENHEIT
3. ADAPTATION

Kontinuität

Deine Reise ist am heutigen Tag nicht beendet, sondern sie hat gerade erst richtig angefangen. Lass mich dir dazu eine Frage stellen: Wie lange hält das erholsame Gefühl eines entspannten Wochenendes an oder die Wirkung der letzten Fastenzeit oder Diät? Eben. In der Regel nicht besonders lange. Das liegt daran, dass der Kontrast zu unserem normalen Alltag und Lebensstil zu extrem ist. Um diesen glückseligen und unbeschwerten Zustand aber möglichst immer zu empfinden, brauchst du ab heute nur dranzubleiben an deiner neuen gesunden Ernährung, ausreichend Bewegung und gezielter Entspannung. Selbst nach vielen Ausreißern in Urlaub und Co. kannst du zu Hause sofort wieder in deine Erfolgsroutinen zurückkehren, in vollgepackten Wochen musst den Sport nicht ausfallen lassen, sondern kannst lieber an allen Tagen „Starke Fitness in 1 Minute“ absolvieren (ab Seite 21). Und statt in Stressphasen zu viel oder zu süß zu essen, fahre lieber deine Me-Time und Entspannung hoch. Setze dir dafür Erinnerungen in deinem Handy, bitte dein Support-Team um regelmäßige Unterstützung, pinne dir Klebezettel oder Fotos (aus deinen schönsten Zeiten) zur Motivation an den Kühlschrank oder den Badezimmerspiegel, erstelle dir ein Vision Board (eine Fotocollage mit deinen Zielen und Träumen) oder kontaktiere auch immer gern mich (z. B. via Instagram @stevengreul), um die Regelmäßigkeit fortzusetzen.

Entschlossenheit

Garantiert wirst du mit Herausforderungen konfrontiert sein, die dich testen. Testen, ob du wirklich entschlossen bist, für dein Ziel Änderungen vorzunehmen, deine Komfortzone zu verlassen und immer und immer wieder weiterzumachen.

Ich persönlich lasse mich immer wieder vom Sport inspirieren. Zum Beispiel kommt mir sehr oft eine Anekdote von Dirk Nowitzki in den Kopf. Als Basketballer habe ich seine Karriere stets verfolgt und bin sowohl vom Sportler als auch vom Menschen Nowitzki begeistert. In der Saison 2005/2006 verlor er mit seiner Mannschaft – sehr tragisch, wie ich finde – die Finalserie. Erst fünf Jahre später konnte er seinen Traum realisieren und die Meisterschaft gewinnen. Er wurde zum wertvollsten Spieler der NBA (Nordamerikanische Basketball-Liga) gekrönt. Er ist erst der zweite Europäer, dem dies gelang. Nowitzki hat nicht aufgegeben, ist immer entschlossen geblieben und hat niemals seinen Traum der Meisterschaft aus den Augen verloren. Solche Geschichten beeindrucken mich sehr und zeigen mir eins: Wir können immer nur gewinnen oder lernen. Es gibt kein Verlieren, kein Scheitern und schon gar keinen Stillstand. Wir dürfen immer wieder etwas für unsere Ziele und Träume tun, jeden Tag. Deshalb habe ich mit vielen meiner Sportler und Sportlerinnen einen Plan B für stressreiche Phasen oder im Falle einer Krankheit entworfen. Dieser beinhaltet einen Wochenkalender mit schnellen Gerichten und die dazu benötigte Einkaufsliste (am besten diese schon im Online-Shop eines Supermarkts vorbereiten), einen Plan mit kurzen und effektiven Trainingseinheiten (ca. 45 – 60 Minuten Gesamtdauer/Woche) und feste Timeslots für die wirkungsvollsten Entspannungsmethoden. Zusätzlich definieren wir gerade in solchen Zeiten, welche Zeitfresser (Social Media, Nachrichten usw.) vorhanden sind, und versuchen sie sehr stark zu minimieren.

Plane auch du gern einen Plan B. Dieser macht sich auch super ausgedruckt am Kühlschrank (hier ist der Link dazu: *starkeeltern.com/buch*). So kann der Montag kommen, an dem das Kind vielleicht krank ist oder dein

Arbeitstag unverhofft länger und intensiver ist als geplant – also all die Tage, an denen früher für uns die Welt zusammengebrochen ist. ☺

Adaptation

Am Beispiel von Nowitzki lässt sich ebenfalls gut zeigen, was er gemacht hat, um als erster Deutscher die NBA-Meisterschaft als bester Spieler seines Teams zu gewinnen: Er hat sein Spiel, sein Mindset und sein Umfeld so lange verändert, bis alle Zahnräder perfekt ineinandergepasst haben. Erst dadurch war ein solcher Erfolg überhaupt möglich. Gleichzeitig ist wichtig zu wissen, dass er nicht alles über Bord geworfen hat, was ihm vorher bereits gut gelang, sondern kleine Veränderungen vorgenommen hat, während er seinen Erfolgsroutinen treu geblieben ist.

Genauso machst du es auch mithilfe dieser 28-Tage-Challenge: Nach und nach passt du alle wichtigen Bereiche in deinem Leben, Ernährung, Bewegung, Entspannung und Mindset, deinem erträumten, neuen Lebensstil an. Und behältst das bei, was dir bereits gut gelingt. Und wirst so zum Nowitzki der STARKEN ELTERN.

Diese 28-Tage-Challenge soll also **dein Startschuss für mehr Wohlgefühl, Leichtigkeit und Lebensfreude** (na gut, und eine tolle Figur ☺) in deinem Alltag sein.

SCHWERPUNKTE FÜR DIE KOMMENDEN MONATE

Jetzt geht es darum, deine Schwerpunkte durch das Jahr zu planen. Dazu kannst du dir selbst eine Tabelle in dein Notizbuch zeichnen, oder du gehst auf meine Website und druckst dir meinen für dich vorgefertigten Plan aus: *starkeeltern.com/buch*

Beginne, deine Trainings zu planen, füge deine Ernährung dazu, dann deine Entspannungsübungen. Passe diesen Plan immer wieder deiner aktuellen Lebenssituation an. Halte, egal was auch passiert, auf jeden Fall deine Routinen ein.

Life Hacks für Starke Eltern bei der Umsetzung

- **Ziele und Entscheidungen:** Entscheide dich, was du wirklich erreichen möchtest, und setze dir motivierende Ziele.

- **Transparenz:** Reflektiere regelmäßig, ob deine aktuellen Entscheidungen die richtigen für dich sind und ob du diesen weiterhin folgen möchtest.

- **Erfolgsroutinen:** Baue durch regelmäßiges Handeln Routinen auf, die so fest in deinem Leben verankert sind wie das Zähneputzen.

- **Adaptation:** Passe dein Handeln immer wieder deiner aktuellen Lebenssituation an und verändere deinen Plan so lange, bis du dein Ziel erreicht hast.

- **Aktives Familienleben:** Findet als Familie viele Möglichkeit, mit Freude an der Bewegung euren Alltag zu genießen.

- **Support-Team:** Gründe dein eigenes Support-Team.

Deine nächsten Schritte

Du hast sicherlich sehr viel aus diesem Buch mitgenommen und bereits etliche Erfolge erzielt. Die folgenden Fragen sollen dich auf deinem Weg bestärken:

- **Wie sieht jetzt dein nächster Schritt aus?**
- **Welchen Entschluss hast du für dich getroffen?**
- **Wie kannst du als starke Mama oder starker Papa jetzt noch eine Schippe drauflegen?**
- **Wie kannst du auch in Zukunft der/die wahre Held/in deiner Kinder bleiben?**

Schreibe jetzt deine Antworten hier nieder:

Lasst uns STARKE ELTERN sein

Lasst uns gemeinsam STARKE ELTERN sein und damit mit unseren Entscheidungen und unserem Handeln in der Rushhour des Lebens Vorbilder für unsere Kinder! Lasst sie uns dazu inspirieren, einen gesunden Lebensstil mit Freude zu leben und somit wiederum andere zu inspirieren. Kurzum: Lasst uns die Welt ein klein wenig gesünder machen! Das ist meine Mission, und ich bin überzeugt, dass das Vorleben und dadurch Inspirieren der erfolgversprechendste Magnet für unser Umfeld ist.

Sei dankbar, dass du dir selbst diese 28-Tage-Challenge und den Fokus für dich geschenkt hast.

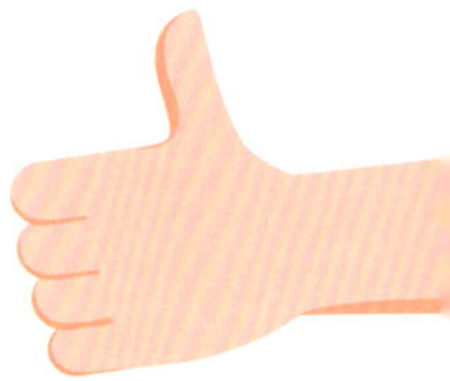

Dein
Coach Steven

DANKE!

Für allen Anfang benötigt es Trainer, die einen inspirieren und coachen. Ich habe zum Glück solche Menschen in meinem Leben. Ich wäre ohne sie nicht da, wo ich heute bin. Dafür bin ich sehr dankbar.

EIN DICKES DANKESCHÖN GEHT AN:

Meine Traumfrau Ani und meinen Sohn William. Ihre Liebe, Wärme, Rückendeckung und Geduld gaben mir die Stärke, dieses Werk zu erschaffen.

Nina, für ihre starken Wortkünste, ihre Geduld mit mir ☺ und ihre Expertise.

Anja, für ihre starke grafische Umsetzung.

Jan und Claudia für ihr Vertrauen und die Möglichkeit, dieses Buch in ihrem Verlag zu veröffentlichen.

Meine Sportler/innen und starken Eltern für ihre Inspiration, Unterstützung und positiven Beispiele.

Nina, Donate, Silke und Lisa für die Vermarktung dieses Buches.

Steffen, für die Unterstützung und die guten Fragen.

Christopher, für die starken Fotos und dein gutes Auge.